EL CEREBRO Y LA INTELIGENCIA EMOCIONAL

EL CEREBRO Y LA
INTELIGENCIA EMOCIONAL

Daniel Goleman

Traducción de Carlos Mayor

Título original: *The Brain and Emotional Intelligence: New Insights*

Primera impresión: mayo de 2022

© 2011 by Daniel Goleman
© 2012, Penguin Random House Grupo Editorial, S. A. U.
Travessera de Gràcia, 47-49. 08021 Barcelona
© 2012, Carlos Mayor, por la traducción
© 2022, Penguin Random House Grupo Editorial USA, LLC
8950 SW 74th Court, Suite 2010
Miami, FL 33156

Impreso en México - *Printed in Mexico*

ISBN: 978-1-64473-661-6

22 23 24 25   10 9 8 7 6 5 4 3 2

Índice

Introducción

Recuerdo que en el año 1995, justo antes de que se publicara mi libro *La inteligencia emocional*, se me ocurrió que habría logrado el éxito si un día oía por casualidad una conversación entre dos desconocidos, uno de ellos mencionaba las palabras «inteligencia emocional» y el otro entendía a qué se refería. Sería la prueba de que el concepto de inteligencia emocional, o IE, había llegado a ser un *meme*, una nueva idea que había penetrado en nuestra cultura. En la actualidad la IE ha superado con creces esa expectativa, ha demostrado ser un excelente modelo educativo en el campo del aprendizaje socioemocional y se considera un componente fundamental de un buen liderazgo, así como un elemento necesario para sentirse realizado.

Cuando escribí *La inteligencia emocional* reuní los frutos de una década de investigaciones, por entonces recientes, sobre el cerebro y las emociones. Recurrí al concepto de inteligencia emocional como marco para poner de relieve un nuevo campo: la neurociencia afectiva. Las investigaciones sobre el cerebro y sobre nuestras vidas emocionales y sociales no se detuvieron cuando terminé la obra, sino que más bien se han acelerado en los últimos años. Incluí novedades al respecto en mis libros *La inteligencia social* y *El liderazgo esencial*, así como en una serie de artículos aparecidos en la revista *Harvard Business Review*.

En este volumen pretendo continuar con esas novedades y detallar a mis lectores algunos descubrimientos decisivos que nos permiten comprender mejor la inteligencia emocional y cómo aplicar ese conjunto de capacidades. No se trata de un análisis técnico y exhaustivo de datos científicos, sino de un trabajo en curso que se centra en descubrimientos con un valor práctico, en hallazgos que podemos aplicar en la vida cotidiana.

Voy a tratar los siguientes puntos:

- La gran pregunta que se plantea, en particular en círculos académicos: «¿Existe una entidad denominada "inteligencia emocional" distinta del coeficiente intelectual?»
- El radar ético del cerebro.
- La dinámica cerebral de la creatividad.
- Los circuitos mentales del impulso, la perseverancia y la motivación.
- Los estados cerebrales que fomentan el rendimiento óptimo y cómo desarrollarlos.
- El cerebro social: compenetración, resonancia y química interpersonal.
- El cerebro 2.0: nuestro cerebro en internet.
- Los tipos de empatía y las principales diferencias entre hombres y mujeres.

- El lado oscuro: la sociopatía laboral.
- Lecciones cerebrales para el *coaching* y para desarrollar las capacidades de la inteligencia emocional.

Existen tres modelos dominantes de IE, cada uno de ellos asociado a una serie de ensayos y mediciones. Uno es obra de Peter Salovey y John Mayer, que fueron quienes plantearon por primera vez el concepto en un artículo de 1990 que abriría muchos caminos.[1] Otro es el de Reuven Bar-On, que ha trabajado mucho en el fomento de la investigación en este ámbito.[2]

El tercero es el mío, que se desarrolla con la máxima amplitud en *El liderazgo esencial* (el libro que escribí con mis colegas Annie McKee y Richard Boyatzis). En la actualidad hay varios modelos más de IE y se preparan otros, lo cual es síntoma de la vitalidad de este campo.[3]

Estructura de la inteligencia emocional

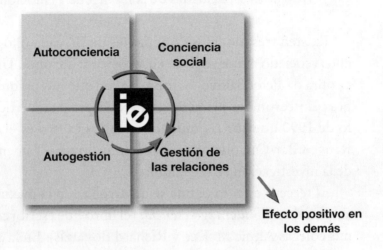

LA INTELIGENCIA EMOCIONAL:
MODELO DE GOLEMAN

La mayoría de los elementos de todos los modelos de inteligencia emocional encajan en cuatro esferas genéricas: la autoconciencia, la autogestión, la conciencia social y la gestión de las relaciones.

¿La inteligencia emocional conforma un conjunto diferenciado de capacidades?

He aquí la gran cuestión: ¿es distinta la inteligencia emocional del coeficiente intelectual?

Cuando acababa de empezar los estudios universitarios tuve un primer presentimiento de que quizás el coeficiente intelectual no explicaba por sí solo todo el éxito laboral. Había un compañero, cuya habitación estaba cerca de la mía en la residencia, que había sacado unas notas magníficas en las pruebas de acceso, así como en los exámenes de las cinco asignaturas preuniversitarias que había cursado antes de acabar la secundaria. Desde el punto de vista académico era un portento, pero le fallaba algo: no tenía la más mínima motivación. No aparecía por clase, se levantaba a las doce y nunca acababa los trabajos. Tardó ocho años en sacarse la carrera y hoy es consultor autónomo. No es ninguna figura, no dirige ninguna gran empresa, no es un líder destacado. Ahora me doy cuenta de que le faltaban recursos básicos de la inteligencia emocional, en particular el autodominio.

Howard Gardner, amigo de la época en que estudiábamos Medicina, abrió el debate sobre los distintos tipos de inteligencia más allá del coeficiente intelectual en un libro escrito ya en los años ochenta.[4] Su argumento era que para que una inteligencia se reconociera como un conjunto diferenciado de capacidades tenía que existir un conjunto subyacente y exclusivo de zonas cerebrales que la gobernara y regulara.

En la actualidad los investigadores cerebrales han identificado circuitos diferenciados para la inteligencia emocional en un estudio de otro viejo amigo, Reuven Bar-On (casualmente, cuando iba a cuarto de primaria su madre me daba clases de religión los domingos), que ha supuesto todo un punto de referencia. Bar-On trabajó con uno de los mejores equipos de investigación cerebral, dirigido por Antonio Damasio en la Facultad de Medicina de la Universidad de Iowa.[5] Utilizaron el método estrella de la neuropsicología para identificar las zonas del cerebro relacionadas con conductas y funciones mentales concretas: los estudios de lesiones; es decir, analizaron a pacientes con daños en zonas claramente definidas del cerebro y establecieron una correlación entre la ubicación de la lesión y las capacidades que, por su causa, habían quedado mermadas o habían desaparecido. A partir de esa metodología, ampliamente probada en neurología, Bar-On y sus colaboradores dieron con varias zonas cerebrales determinantes paras las competencias de la inteligencia emocional y social.

El estudio de Bar-On es una de las pruebas más convincentes de que la inteligencia emocional reside en áreas del cerebro distintas a las del coeficiente intelectual. Otros estudios realizados con otros métodos respaldan la misma conclusión.[6] En su conjunto, esa información revela que existen centros cerebrales específicos que gobiernan la inteligencia emocional, lo que diferencia ese conjunto de capacidades humanas de la inteligencia académica (es decir, verbal, matemática y espacial) o coeficiente intelectual (que es como se conocen esas competencias puramente cognitivas), así como de los rasgos de la personalidad.

EL COEFICIENTE INTELECTUAL FRENTE A LA INTELIGENCIA EMOCIONAL

La base cerebral de la inteligencia emocional: a partir de técnicas de neuroimagen y estudios de lesiones

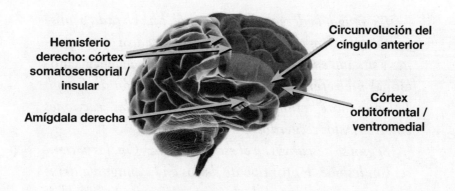

Hemisferio derecho: córtex somatosensorial / insular

Circunvolución del cíngulo anterior

Amígdala derecha

Córtex orbitofrontal / ventromedial

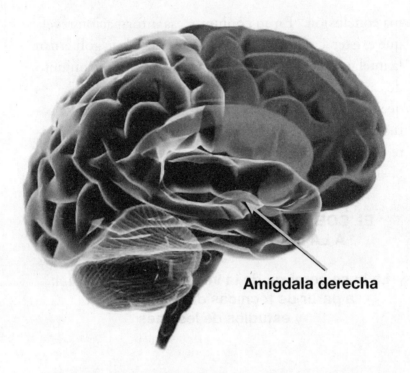

Amígdala derecha

La amígdala derecha (tenemos dos, una en cada hemisferio cerebral) es un centro nervioso dedicado a las emociones y situado en el cerebro medio. En La inteligencia emocional me referí a la histórica investigación de Joseph LeDoux sobre la función de la amígdala en las reacciones emotivas y los recuerdos.

Según se descubrió en el estudio de Bar-On, los pacientes con lesiones u otro tipo de daños en la amígdala derecha presentan una pérdida de autoconciencia emocional, es decir, de la capacidad de ser conscientes de sus propios sentimientos y comprenderlos.

Hemisferio derecho: córtex somatosensorial / insular

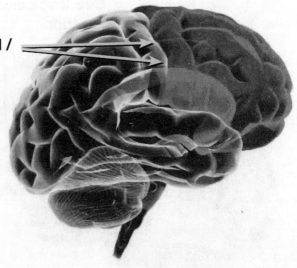

Otra zona determinante para la inteligencia emocional se localiza también en el hemisferio derecho del cerebro. Es el córtex somatosensorial derecho; cuando presenta daños también existe una deficiencia en la autoconciencia, así como en la empatía, es decir, la conciencia de las emociones de los demás. La capacidad de comprender y sentir nuestras propias emociones es decisiva para entender las de los demás y sentir empatía. Por otro lado, la empatía depende asimismo de otra estructura del hemisferio derecho, la ínsula o córtex insular, un nodo de los circuitos cerebrales que detecta el estado corporal y nos dice cómo nos sentimos, por lo cual determina decisivamente cómo sentimos y comprendemos las emociones de los demás.

Circunvolución del cíngulo anterior

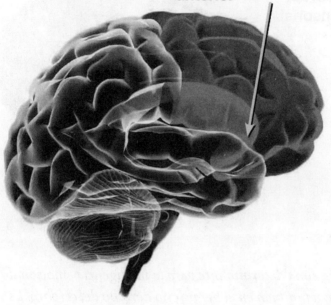

Otra zona muy importante es la circunvolución del cíngulo anterior, en la parte frontal de una banda de fibras cerebrales que rodean el cuerpo calloso, que conecta las dos mitades del cerebro. La circunvolución del cíngulo anterior se encarga del control de los impulsos, esto es, de la capacidad de manejar las emociones, en especial las angustiosas y los sentimientos intensos.

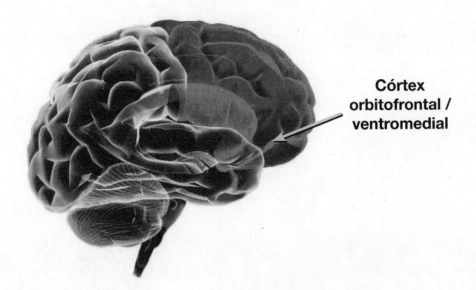

Córtex orbitofrontal / ventromedial

Por último tenemos la franja ventromedial del córtex prefrontal, que está situado justo detrás de la frente y es la última parte del cerebro que acaba de desarrollarse. Se trata del centro ejecutivo de la mente, donde reside la capacidad de resolver problemas personales e interpersonales, de controlar los impulsos, de expresar los sentimientos de un modo eficaz y de relacionarnos adecuadamente con los demás.

La autoconciencia

Los nuevos descubrimientos parecen indicar el modo en que las regiones cerebrales relacionadas con la autoconciencia nos ayudan a aplicar la ética y a tomar decisiones en general. La clave para comprender esa dinámica es distinguir entre el cerebro pensante (el neocórtex) y las zonas subcorticales.

Funciones corticales y subcorticales

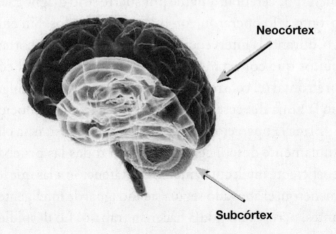

Neocórtex

Subcórtex

El neocórtex (la región ondulada oscura) contiene centros dedicados a la cognición y a otras operaciones mentales complejas. Por el contrario, en las zonas subcorticales, que aparecen aquí en un tono claro, es donde se producen los procesos mentales más básicos.

Justo por debajo del cerebro pensante, y adentrándose en el córtex, se encuentran los centros límbicos, las principales zonas del cerebro dedicadas a las emociones. Las hallamos también en el cerebro de otros mamíferos. Las partes más antiguas del subcórtex se prolongan hasta el tronco del encéfalo, conocido como «cerebro reptiliano» por tratarse de una suerte de arquitectura básica que tenemos en común con los reptiles.

Antonio Damasio (el neurocientífico en cuyo laboratorio se llevó a cabo el trabajo de Bar-On sobre los principios básicos de la IE en el cerebro) ha escrito sobre un caso neurológico que resulta revelador. Se trata de un excelente abogado de empresa que, desgraciadamente, sufrió un tumor cerebral, aunque por suerte se lo diagnosticaron pronto y lo operaron con buenos resultados. Sin embargo, durante la intervención el cirujano tuvo que cortar circuitos que conectan zonas muy importantes del córtex prefrontal (el centro ejecutivo del cerebro) y la amígdala, en la zona del cerebro medio dedicada a las emociones.

Tras la operación se produjo una circunstancia clínica sumamente desconcertante. Según todas las pruebas de coeficiente intelectual, memoria y atención a las que lo sometieron, el abogado seguía siendo igual de inteligente que antes, pero ya no podía hacer su trabajo. Lo despidieron.

No funcionó en ningún otro puesto. Se divorció. Perdió la casa. Acabó viviendo en la habitación de invitados de su hermano y, desesperado, acudió a Damasio para averiguar qué le sucedía.

Al principio, el neurocientífico quedó completamente perplejo, porque según todas las pruebas neurológicas el paciente estaba bien, pero luego encontró una pista, al preguntarle: «¿Cuándo quiere que volvamos a darle hora?»

Descubrió entonces que el abogado podía decirle las ventajas y los inconvenientes racionales de todas las horas disponibles durante las dos semanas siguientes, pero se veía incapaz de decidir cuál resultaba mejor. Según Damasio, para tomar una buena decisión tenemos que aplicar sentimientos a los pensamientos, pero la lesión provocada al extirpar el tumor había tenido como consecuencia que el paciente ya no lograra conectar lo que pensaba con las ventajas y los inconvenientes emocionales.

Esos sentimientos proceden de los centros emocionales del cerebro medio, que interactúan con una zona concreta del córtex prefrontal.[7] Cuando pensamos algo, esos centros cerebrales lo evalúan de inmediato, de modo positivo o negativo. Eso es lo que nos permite establecer prioridades; por ejemplo, cuál es la mejor hora para acudir al médico. Si no contamos con ese factor, no sabemos qué sentir sobre lo que pensamos y no podemos tomar buenas decisiones. Los circuitos corticales-subcorticales aportan también un timón ético. En una zona inferior, por debajo de las zonas límbicas, se encuentra una red nerviosa formada por los ganglios basales. Se trata de una parte muy primitiva del cerebro pero que cumple una función extraordinariamente importante para desenvolvernos en el mundo moderno.

A medida que avanzamos por las distintas situaciones de la vida, los ganglios basales deducen normas de las decisiones que tomamos: «Cuando hice tal cosa me fue bien, cuando hice tal otra fue un fracaso», etcétera. La sabiduría vital acumulada se almacena en esos circuitos primitivos. Sin embargo, al encontrarnos ante una decisión, es el córtex verbal el que genera lo que pensamos acerca de ella, aunque para acceder de forma más profunda a nuestra experiencia vital sobre el asunto en cuestión necesitamos un número mayor de aportaciones por parte de esos circuitos subcorticales. Si bien los ganglios basales tienen cierta conexión directa con las zonas verbales, resulta que también cuentan con muchas vinculaciones con el tracto gastrointestinal; es decir, las tripas. Así pues, cuando tomamos una decisión, el hecho de que sintamos «en las tripas» si es acertada o no también resulta importante.[8] Eso no significa que haya que hacer caso omiso de otros factores, pero si la decisión no encaja con lo que sentimos quizá nos convenga pensárnoslo dos veces.

Al parecer esa regla general desempeñó un papel fundamental en un estudio realizado con empresarios californianos de éxito a quienes se preguntó cómo tomaban las decisiones profesionales cruciales. Todos se refirieron más o menos a la misma estrategia. En primer lugar devoraban con avidez cualquier dato o información que pudiera estar relacionado con la decisión que debían tomar, con amplitud de miras. Sin embargo, a continuación todos comparaban la decisión racional con lo que les «decían las tripas»: si un acuerdo les daba mala espina, era posible que no lo cerraran, aunque sobre el papel las perspectivas fuesen buenas. La respuesta a la pregunta «¿Lo que voy a hacer encaja en mi rumbo vital, mi propósito o mi ética?» no nos llega con palabras, sino mediante esa reacción visceral. A continuación lo verbalizamos.

El mejor estado cerebral para una tarea

El autodominio exige autoconciencia más autorregulación, componentes clave de la inteligencia emocional. Uno de los parámetros del autodominio es alcanzar el estado cerebral más adecuado para realizar una tarea.[9]

Si hablamos de eficiencia personal, tenemos que encontrarnos en el mejor estado interno para la labor que vayamos a realizar, y cada uno de ellos tiene sus puntos a favor y sus puntos en contra. Por ejemplo, las investigaciones demuestran que las ventajas de estar de buen humor son tener mayor creatividad, resolver mejor los problemas, contar con una mayor flexibilidad mental y ser más eficientes en la toma de decisiones en muchos sentidos.

Sin embargo, entre los inconvenientes se aprecia una tendencia a no utilizar tan bien el sentido crítico al distinguir entre argumentos sólidos y endebles, o a tomar decisión precipitadas, o a no prestar suficiente atención a los detalles en una tarea que lo requiere.

Por otro lado, estar de mal humor, o como mínimo de un humor más pesimista, tiene su lado positivo: entre otras cosas, se demuestra una mayor capacidad de prestar atención al detalle, incluso al hacer algo aburrido, lo que nos dice que es mejor ponerse serio antes de leer un contrato. De mal humor nos mostramos más escépticos, de forma que, por ejemplo, es menos probable que nos limitemos a confiar en las opiniones de expertos y seguramente haremos preguntas perspicaces y sacaremos conclusiones propias. Una teoría sobre la utilidad de la rabia dice que moviliza energía y hace que se centre la atención en eliminar obstáculos que nos impiden alcanzar un objetivo, lo cual puede estimular, por ejemplo, el impulso de derrotar en la siguiente ronda a un competidor ante el que acabamos de perder (da igual que se trate de un equipo escolar o de otra empresa).

El principal inconveniente de estar de mal humor es, por descontado, que resulta molesto tanto para nosotros como para quienes nos rodean; pero existen otros perjuicios más sutiles: en el nivel cognitivo somos más pesimistas y, por ello, es más probable que tiremos la toalla cuando las cosas se tuerzan. El mal humor nos predispone en contra de lo que estemos planteándonos y por consiguiente nuestros juicios se desvían hacia la negatividad. Además, como nuestra compañía no resulta agradable, podemos afectar de forma negativa la armonía de un equipo: basta un individuo contrariado para reducir la eficiencia de todo el grupo.

Existe además un factor tal vez sorprendente para determinar cuál es el mejor estado cerebral para realizar una tarea: la creatividad.

El cerebro creativo

«El hemisferio derecho es bueno y el izquierdo, malo.» Esa teoría sobre la relación entre la creatividad y los hemisferios derecho e izquierdo del cerebro se remonta a los años setenta y es un ejemplo muy anticuado de neuromitología. La nueva concepción de los dos hemisferios es más precisa con respecto a la topografía cerebral: al comparar el izquierdo con el derecho, ¿nos referimos al izquierdo anterior, medio o posterior?

Ahora sabemos que la creatividad no solo tiene que ver con lo que está a la derecha o a la izquierda, sino también con lo que está arriba o abajo, con todo el cerebro, en suma. Llegado este punto resulta importante comprender una diferencia estructural entre el hemisferio derecho y el izquierdo.

El primero presenta más conexiones nerviosas tanto consigo mismo como con todo el resto del cerebro. Asimismo, tiene fuertes vinculaciones con centros emocionales como la amígdala y las regiones subcorticales de toda la parte inferior del cerebro.

El lado izquierdo cuenta con muchas menos conexiones, tanto consigo mismo como con el resto del cerebro.

Está formado por columnas claramente superpuestas que permiten una nítida diferenciación de las distintas funciones mentales, que sin embargo no pueden integrarse demasiado. En contraste, estructuralmente el derecho está más mezclado.

El cerebro creativo no es solo el hemisferio derecho: cuando el estado cerebral creativo accede a una amplia red de conexiones, todo participa, la parte izquierda y la derecha, la superior y la inferior.

Creatividad e innovación

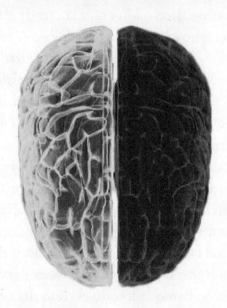

El hemisferio derecho presenta ramas más largas que establecen más conexiones con otras partes del cerebro que las del izquierdo; en un destello de inspiración creativa surge un nuevo circuito de conectividad.

Vamos a ver cómo se refleja eso en la idea que suele tenerse de la creatividad. Puede que haya oído usted hablar de un modelo clásico de la creatividad con cuatro fases (que tiene más de un siglo de antigüedad); es el siguiente.

En primer lugar uno define el marco del problema. Mucha gente asegura que uno de los rasgos de un genio en un campo concreto es que logra ver problemas y obstáculos y hace preguntas que nadie más ve o plantea. Así pues, lo primero es encontrar y definir el problema creativo.

En segundo lugar, hay que sumergirse en el asunto, escarbar a fondo. Reunir ideas, datos, información, todo lo que pueda ayudar a dar con una solución creativa.

La tercera fase no resulta muy intuitiva para algunos: consiste en dejarse ir. En relajarse sin más. Las mejores ideas se tienen en la ducha, de paseo o de vacaciones.[10] En este caso, el autodominio consiste en saber cuándo relajarse y cómo conseguirlo.

La cuarta y última etapa es la ejecución; por descontado, muchas grandes ideas fracasan en este momento porque no se aplican adecuadamente.

Este modelo es acertado hasta cierto punto, pero la vida no es tan sencilla. He comprobado que gente con una profesión que exige un flujo constante de inspiración mantiene una relación con la creatividad más compleja de lo que puede indicar ese esquema de cuatro fases tan bien estructurado. Por ejemplo, George Lucas asegura que cuando tiene que redactar o repasar un guión se va a una cabaña que tiene en el jardín y se pone a escribir sin más. ¿Alguna vez se queda ensimismado y espera que le llegue la inspiración? «No —me respondió a esta pregunta—; tengo que seguir trabajando constantemente.» Así opera ese genio en concreto (aunque sospecho que sus circuitos creativos poseen una fluidez singular).

El segundo genio creativo con el que hablé del tema fue Philip Glass, uno de los compositores contemporáneos más célebres del mundo. «¿De dónde sacas las ideas», le pregunté, y su contestación me sorprendió: «Sé exactamente cuándo van a presentarse: entre las once de la mañana y las tres de la tarde. Es cuando trabajo en nuevas composiciones.»

Más típico puede ser el caso de una tercera experta en creatividad con la que conversé, Adrienne Weiss, que se dedica al desarrollo y la redefinición de marcas. Le encargaron ayudar a rediseñar la imagen de la cadena multinacional de heladerías Baskin-Robbins, incluido un logotipo nuevo. Weiss pensó: «Bueno, ¿qué tenemos aquí? Baskin-Robbins es famosa por sus treinta y un sabores. ¿Cómo vamos a conseguir que eso resulte nuevo e inconfundible?»

Le dio vueltas al asunto, pero sin éxito, hasta que una noche se despertó en pleno sueño y recordó haber visto el nombre «Baskin-Robbins» con un 3 destacado en la parte derecha de la B inicial y un 1 en la izquierda de la R. Juntos formaban un 31, la cantidad de sabores de la marca. Si mira el nuevo logotipo de Baskin-Robbins verá que esa cifra está resaltada en la B y la R. Y se le ocurrió soñando.

Los estudios cerebrales sobre la creatividad nos dicen qué sucede cuando gritamos «¡Eureka!», cuando se nos ocurre algo de repente. Si se miden las ondas cerebrales electroencefalográficas en un momento creativo resulta que hay una gran actividad gamma que alcanza un pico trescientos milisegundos antes de que se nos ocurra la respuesta. Esa actividad indica un enlace neuronal; células cerebrales muy distantes se conectan en una nueva red nerviosa, por ejemplo cuando surge una nueva asociación. Justo después de ese pico gamma la nueva idea entra en la conciencia.

Esa función intensificada se concentra en la zona temporal, localizada en el costado del neocórtex derecho. Se trata de la misma área que interpreta las metáforas y entiende los chistes. Permite comprender el lenguaje del inconsciente, lo que Freud denominó «el proceso primario»: el lenguaje de los poemas, del arte, de los mitos. Es la lógica de los sueños, donde todo vale y lo imposible es posible.

El pico gamma revela que el cerebro ha tenido una idea. En ese momento, las células del hemisferio derecho utilizan esas conexiones y ramas más largas para comunicarse con otras zonas. Han hecho mayor acopio de información y la reúnen de acuerdo con una organización novedosa.

¿Cuál es la mejor forma de movilizar esa actividad cerebral? Primero hay que concentrarse intensamente en el objetivo o el problema y luego relajarse y llegar a la fase tercera: dejarse ir.

Lo contrario (tratar de forzar la idea) podría ahogar involuntariamente la creatividad. Si le damos vueltas y más vueltas quizá nos pongamos más tensos y no se nos ocurran otras formas innovadoras de ver las cosas... y mucho menos una idea verdaderamente creativa.

Así pues, para pasar a la siguiente fase hay que dejarse ir sin más. A diferencia de la intensa concentración que se alcanza cuando se forcejea con un problema, esa tercera etapa se caracteriza por un elevado ritmo alfa, lo que indica relajación mental, un estado de apertura, de ensoñación y de deriva, en el que estamos más receptivos a las nuevas ideas. Así se prepara el terreno para las conexiones novedosas que se producen durante el pico gamma.

Esos momentos de ideas creativas inesperadas parecen presentarse por generación espontánea, pero podemos suponer que se ha producido el mismo proceso: la persona se ha concentrado en mayor o menor medida en determinado problema y luego, mientras «descansaba», los circuitos neuronales han establecido otras asociaciones y conexiones. Incluso cuando las ideas parecen surgir solas puede que el cerebro esté pasando por las tres fases clásicas.

Por otro lado, tengo la impresión de que dividir este proceso en tres o cuatro etapas es en el fondo una ilusión útil: el espíritu creativo es mucho más irreflexivo. Considero que la principal actividad neuronal se divide entre concentrarse intensamente en el problema y relajarse.

Luego, cuando llega la idea brillante, casi con seguridad el cerebro ha pasado por ese elevado pico de actividad gamma que se constató en el laboratorio.

¿Es posible aumentar las posibilidades de que se produzca el pico gamma? Por lo general se presenta de «forma caprichosa», no puede forzarse. Sin embargo, el estado mental sí puede prepararse o inducirse. Tenemos que definir bien el problema y luego sumirnos en él. A continuación nos dejamos ir, nos olvidamos de todo. Es durante ese período cuando existen más posibilidades de que se produzca el pico gamma, junto con el momento en que exclamamos «¡Eureka!», cuando se enciende la bombilla encima de la cabeza de un personaje de historieta. Existe un marcador físico que sentimos en ocasiones durante un pico gamma: placer. Ese «¡Eureka!» nos llena de alegría.

A continuación llega la cuarta fase, la de la puesta en práctica, donde una buena idea cuaja o fracasa. Recuerdo una conversación con el director de un gigantesco laboratorio de investigación en el que trabajaban cuatro mil científicos e ingenieros. «Tenemos una norma sobre la creatividad: si alguien presenta una idea novedosa —me contó—, la persona que intervenga a continuación, en lugar de echarla por tierra de inmediato, algo que sucede con demasiada frecuencia en el mundo laboral, debe ser una especie de "abogado de un ángel" y decir: "Es buena idea por tal motivo."» Las ideas creativas son como un capullo delicado: hay que mimarlas para que florezcan.

El autodominio

Los dos cuartos de la izquierda del modelo genérico de la inteligencia emocional hacen referencia a la relación que tenemos con nosotros mismos: son la autoconciencia y la autogestión.

Se trata de los principios básicos del autodominio: la conciencia y gestión de nuestros estados internos. Esas capacidades son las que permiten que alguien tenga un excelente rendimiento individual en cualquier campo y en el empresarial en concreto aporte magníficas contribuciones personales (es decir, que sea lo que llamamos una estrella solitaria).

Competencias como la gestión de las emociones, el impulso concienciado para alcanzar objetivos, la adaptabilidad y la iniciativa se basan en la autogestión emocional.

El autodominio

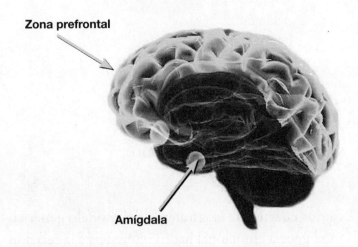

Zona prefrontal

Amígdala

La autorregulación de las emociones y los impulsos depende en gran medida de la interacción entre el córtex prefrontal (el centro ejecutivo del cerebro) y los centros emocionales del cerebro medio, en particular los circuitos que convergen en la amígdala.

La zona más importante para la autorregulación es el córtex prefrontal, que en cierto sentido equivale al «jefe bueno» del cerebro, el que nos guía en nuestro mejor momento. En la región dorsolateral de la zona prefrontal se localiza el control cognitivo, que regula la atención, la toma de decisiones, la acción voluntaria, el razonamiento y la flexibilidad de respuesta.

La amígdala es un punto desencadenante de la angustia, la ira, el impulso, el miedo, etcétera. Cuando ese circuito toma las riendas actúa como el «jefe malo» y nos conduce a realizar acciones de las que más tarde podemos arrepentirnos.

La interacción entre esas dos zonas del cerebro crea una autopista nerviosa que, cuando está equilibrada, es la base del autodominio. La mayor parte de las veces no podemos dictar qué emociones vamos a sentir, cuándo vamos a sentirlas ni con qué fuerza. Nos llegan espontáneamente desde la amígdala y otras zonas subcorticales. Alcanzamos el punto de elección una vez que nos sentimos de una forma determinada. ¿Qué hacemos entonces? ¿Cómo lo expresamos? Si el córtex prefrontal tiene los circuitos inhibidores a pleno rendimiento, lograremos alcanzar un punto de decisión que nos permita ser más astutos al guiar nuestra respuesta y, por consiguiente, al manejar las emociones de los demás, para bien o para mal, en esa situación. Desde una perspectiva nerviosa, esa es la esencia de la autorregulación.

La amígdala es el radar que detecta los peligros. El cerebro está concebido como un instrumento de supervivencia. En su esquema de funcionamiento la amígdala ocupa una posición privilegiada. Si detecta una amenaza, en un instante puede tomar el mando del resto del cerebro (en especial del córtex prefrontal) y sufrimos lo que se conoce como «secuestro amigdalar».

El secuestro apresa nuestra atención y la dirige hacia el peligro en cuestión. Si estamos en el trabajo, al sufrirlo no podemos concentrarnos en nuestro cometido, solo pensar en lo que nos agobia. La memoria también deja de funcionar con normalidad y recordamos con más facilidad lo que tiene que ver con la amenaza y no tenemos tan claro lo demás. Durante un secuestro amigdalar somos incapaces de aprender y nos apoyamos en hábitos archisabidos, conductas que hemos aplicado una y otra vez. No podemos innovar ni ser flexibles.

Las neuroimágenes captadas cuando alguien está muy alterado muestran que la amígdala derecha en particular se encuentra extraordinariamente activa, así como el córtex prefrontal derecho. La amígdala ha apresado esa zona prefrontal y la gobierna para afrontar el peligro que se ha percibido. Cuando se activa ese sistema de alarma sufrimos la clásica respuesta de lucha, huida o paralización, que desde un punto de vista cerebral significa que la amígdala ha puesto en funcionamiento el eje hipotalámico-hipofisario-suprarrenal y el cuerpo sufre una descarga de hormonas del estrés, sobre todo cortisol y adrenalina.

Ese mecanismo presenta un grave problema: la amígdala se equivoca con frecuencia, ya que, aunque recibe información en una única neurona del ojo y el oído sobre lo que vemos y oímos (a gran velocidad en términos cerebrales), solo le llega una pequeña fracción de las señales que recogen esos órganos. La inmensa mayoría se dirige a otras partes del cerebro que tardan más en analizar la información... y hacen una lectura más precisa. En cambio, la amígdala se queda con una impresión poco rigurosa y debe reaccionar de inmediato. Comete errores a menudo, en especial en la vida moderna, donde los «peligros» son simbólicos y no amenazas físicas. Y por ello reaccionamos de forma exagerada, aunque luego nos arrepintamos.

Estos son los cinco detonantes de la amígdala más importantes en el entorno laboral:[11]

- Ser objeto de condescendencia y falta de respeto.
- Recibir un trato injusto.
- No sentirnos valorados.
- Tener la impresión de que no nos escuchan.
- Vernos sometidos a calendarios poco realistas.

En un clima económico con gran incertidumbre el miedo campa a sus anchas. La gente teme quedarse sin trabajo, que peligre la seguridad económica de su familia y los demás problemas que comporta una crisis. Y la ansiedad secuestra a los trabajadores que deben hacer más con menos. Así, en ese tipo de circunstancias hay muchas personas que funcionan a diario en un estado que equivale a un secuestro amigdalar leve pero crónico.

¿Cómo podemos reducir al mínimo los secuestros? En primer lugar, debemos prestar atención. Si no nos damos cuenta de que estamos sufriendo un secuestro amigdalar y dejamos que nos arrastre, no tenemos posibilidades de recuperar el equilibrio emocional y el dominio prefrontal izquierdo hasta que se haya completado el ciclo. Es mejor ser consciente de lo que sucede y desconectar. Para concluir o cortocircuitar un secuestro tenemos que empezar por observar lo que sucede en nuestra mente y decirnos: «La verdad es que estoy exagerando», «He perdido los nervios» o «Estoy a punto de perder los nervios». Es mucho mejor detectar sensaciones conocidas que nos indican el inicio de un secuestro, como un cosquilleo en el estómago o cualquier otro indicio que pueda revelar que estamos a punto de sufrirlo. Cuanto menos haya avanzado el ciclo más fácil será cortocircuitarlo. Lo mejor es atajarlo cuando está a punto de empezar.

¿Qué podemos hacer si nos vemos atrapados por un «secuestro amigdalar»? Lo primero es darnos cuenta de lo que sucede. Los secuestros pueden durar segundos, minutos, horas, días o semanas. A algunos, si se han acostumbrado a vivir de mal humor o con miedo, puede parecerles su estado «normal». De ahí surgen problemas clínicos como trastornos de ansiedad o depresión, o el trastorno de estrés postraumático, una penosa enfermedad de la amígdala provocada por una experiencia traumática que supone que ese centro nervioso entre en un estado explosivo de secuestro instantáneo y profundo.

Hay muchas formas de salir de un secuestro amigdalar si logramos darnos cuenta de que lo sufrimos y tenemos intención de calmarnos. Una es un planteamiento cognitivo: el autoconvencimiento. Tenemos que razonar con nosotros mismos y poner en tela de juicio lo que nos decimos en pleno secuestro: «Ese individuo no es siempre un hijo de mala madre, recuerdo casos en los que en realidad fue muy considerado e incluso amable y quizá debería darle otra oportunidad.»

O podemos recurrir a la empatía y ponernos en el lugar del otro, lo cual quizá funcione en los casos, muy habituales, en que el detonante del secuestro haya sido algo que nos ha hecho o dicho alguien. Podemos tener un pensamiento empático: «Quizá me ha tratado así porque sufre mucha presión.»

Aparte de esas intervenciones cognitivas existen otras biológicas. Podemos recurrir a un método como la meditación o la relajación para calmar el cuerpo. Sin embargo, las técnicas de relajación o meditación funcionan mejor durante un secuestro si se han practicado con regularidad, preferiblemente a diario. Si no se ha creado un fuerte hábito mental, no pueden invocarse así como así. Lo importante es recordar que estar bien acostumbrados a calmar el cuerpo con un método que hayamos practicado mucho puede ser decisivo cuando suframos un secuestro y tengamos necesidad de aplicarlo.

La gestión del estrés

«Mi peor experiencia laboral se produjo justo después de una fusión empresarial, cuando desaparecía gente a diario y nos llegaban circulares con mentiras sobre lo sucedido —me contó una amiga en una ocasión—. Nadie era capaz de concentrarse en el trabajo.» Hoy en día lo que para ella fue un episodio puntual se ha convertido en una realidad crónica en muchos trabajos. Dejando a un lado los altibajos económicos, la vida laboral está repleta de momentos dramáticos, debido a órdenes imposibles que llegan de la sede central, gente irrazonable que ocupa cargos directivos, compañeros de trabajo desagradables y un largo etcétera. ¿Cómo gestionar ese estrés constante que puede convertirse incluso en auténtica angustia? Una estrategia para manejar nuestras reacciones ante complicaciones y reveses se sirve de otra dinámica entre la zona prefrontal y los circuitos de la amígdala.

El gestor del estrés

Córtex prefrontal izquierdo

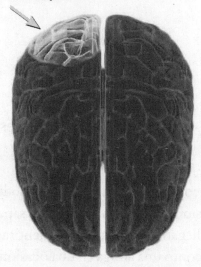

En el córtex prefrontal existen circuitos que pueden inhibir los impulsos de la amígdala y ayudarnos a mantener el equilibrio emocional. La zona prefrontal izquierda presenta asimismo circuitos activos en estados positivos como el entusiasmo, la energía y la colaboración.

El director del Laboratorio de Neurociencia Afectiva de la Universidad de Wisconsin, Richard Davidson, ha llevado a cabo investigaciones muy importantes sobre las zonas prefrontales izquierda y derecha. Su equipo ha descubierto que cuando nos hallamos en pleno secuestro amigdalar o sometidos a emociones angustiosas se detectan niveles de actividad relativamente altos en el córtex prefrontal derecho, pero cuando nos sentimos muy bien (entusiasmados, llenos de energía, capaces de hacer cualquier cosa) se moviliza la zona prefrontal izquierda.

En el laboratorio de Davidson se ha visto que todos tenemos un índice de actividad prefrontal izquierda-actividad prefrontal derecha (en parte en reposo, cuando no hacemos nada en concreto) que predice con precisión nuestra gama de humores cotidiana. Ese índice izquierda-derecha revela nuestro punto de ajuste emocional.[12] Quienes presentan mayor actividad prefrontal izquierda que derecha tienen más posibilidades de experimentar un número mayor de emociones positivas cotidianamente. Por el contrario, los que cuentan con un lado derecho más activo tienden a sufrir más emociones negativas.

Ese índice presenta una campana de Gauss, como la conocida curva en forma de U invertida del coeficiente intelectual. Casi todos nos situamos en el centro: tenemos unos días buenos y otros malos. Algunas personas están en el extremo derecho: puede que sufran una depresión clínica o ansiedad crónica. Por el contrario, quienes se encuentran en el extremo izquierdo de la campana de Gauss se recuperan de las adversidades con una rapidez extraordinaria.

Davidson ha investigado asimismo lo que denomina «estilos emocionales», que en realidad son estilos cerebrales. Existe uno que refleja con qué facilidad nos enojamos: dónde nos encontramos en el espectro que va de la gente con una amígdala explosiva (los que enseguida se alteran, se frustran o se enfadan) a la imperturbable.

Un segundo estilo indica con qué velocidad nos recuperamos tras un momento de angustia. Hay quienes se reponen rápidamente una vez que se alteran, mientras que a otros les cuesta mucho tiempo. En el extremo de la lentitud está la gente que da vueltas a las cosas o se preocupa sin cesar, que sufre secuestros amigdalares leves continuados. La preocupación crónica mantiene la amígdala alerta, de modo que el individuo permanece en un estado de angustia mientras sigue cavilando.

Si tenemos en cuenta que nos enfrentamos a muchas tensiones realistas, esos dos primeros estilos (ser imperturbable y capaz de recuperarse deprisa) son los más eficaces para bregar con los problemas del mundo laboral.

El tercer estilo evalúa la profundidad de los sentimientos de una persona. Unos los experimentan con mucha intensidad y otros de modo más superficial. Quienes presentan sentimientos más fuertes pueden disponer de mayor capacidad para comunicarlos con autenticidad e eficacia, para emocionar a la gente.

Existe otro dato relevante sobre el índice izquierda-derecha. Barbara Fredrickson, de la Universidad de Carolina del Norte, señala que la gente que prospera en la vida (que tiene relaciones positivas y un trabajo gratificante, que considera que su existencia tiene sentido) experimenta al menos tres acontecimientos emocionales positivos por cada uno negativo.[13] También se ha observado un índice parecido entre las emociones positivas y negativas en los equipos de éxito, donde la proporción es de cinco contra uno; parece ser que el índice de la gente próspera se aplica también colectivamente.

Cuando estamos atrapados en un secuestro amigdalar continuado, ya sea intenso o leve, sufrimos una activación del sistema nervioso simpático. No se trata de un estado agradable, sino de un problema crónico. Durante el secuestro, los circuitos de alarma activan la respuesta de lucha, huida o paralización, que segrega hormonas generadoras del estrés con toda una serie de consecuencias negativas, como una disminución de la eficacia de la reacción inmunitaria. El estado contrario, la activación del sistema nervioso parasimpático, se produce cuando estamos relajados. Biológica y neurológicamente, se trata de la modalidad de restablecimiento y recuperación, y está vinculada a la activación de la zona prefrontal izquierda.

Para cultivar una mayor intensidad de la actividad de esa área, que genera emociones positivas, podemos aplicar distintas estrategias. Una de ellas consiste en desconectar regularmente de una rutina de agitación y problemas para reposar y restablecernos. Programe momentos para no hacer nada: saque al perro, dese una buena ducha, cualquier cosa que le permita cortar el ritmo constante de su actividad habitual.

Otra estrategia se conoce como «conciencia plena» o «*mindfulness*». Daniel Siegel, de la Universidad de California en Los Ángeles (UCLA), es autor de un análisis sencillo pero ingenioso de las zonas cerebrales que participan en ese proceso.[14] La modalidad más conocida de conciencia plena consiste en cultivar una presencia que planea sobre la experiencia del momento, una conciencia que no juzga y no reacciona ante los pensamientos o los sentimientos que puedan pasar por la mente. Es un método muy eficaz para relajarse y entrar en un estado de tranquilidad y equilibrio.

La reducción del estrés a partir de la conciencia plena, el método creado por Jon Kabat-Zinn, se utiliza mucho en medicina para ayudar a los pacientes a sobrellevar síntomas crónicos, ya que alivia el sufrimiento emocional que suelen llevar aparejado y, por consiguiente, mejora su calidad de vida.

Richard Davidson aunó fuerzas con Kabat-Zinn, que por entonces trabajaba en el Centro Médico de la Universidad de Massachusetts, para enseñar a la gente a entrar en un estado de relajación en el trabajo gracias a la conciencia plena.[15] Kabat-Zinn enseñó esa técnica a personas que se encontraban en un entorno laboral muy estresante, una empresa de biotecnología de reciente creación donde se trabaja con entrega total las veinticuatro horas del día. Las instruyó con un programa de ocho semanas de duración que suponía practicar la conciencia plena una media de treinta minutos al día.

Davidson realizó estudios sobre el cerebro antes y después del programa de la conciencia plena. Antes, el punto de ajuste emocional de la mayoría de la gente se encontraba hacia la derecha, lo que indicaba que estaban preocupados. Tras ocho semanas de conciencia plena empezó a moverse hacia la izquierda. Y las declaraciones de los propios trabajadores dejaban claro que con el paso a la zona más positiva de las emociones habían salido a la superficie el entusiasmo, la energía y la jovialidad en el entorno laboral.

La conciencia plena parece ser un buen sistema de refuerzo del dominio de las zonas determinantes del córtex prefrontal. Davidson me ha dado una buena noticia: los principales beneficios de la conciencia plena en lo que a un giro del punto de ajuste emocional del cerebro se refiere se obtienen al inicio de la práctica. No hay que esperar años para notar la mejoría, aunque probablemente sea necesario seguir ejercitando la técnica a diario para mantener la tendencia.

Junto a ese cambio hacia una gama de humores más positiva tenemos otro instrumento nervioso para gestionar el estrés: un menor tiempo de recuperación.

Tradicionalmente, la sesión diaria de conciencia plena se concluye con un período de pensamientos afectuosos dirigidos a los demás: la práctica del cariño. Se trata de la generación intencionada de un estado de ánimo positivo que aumenta el tono vagal, es decir, la capacidad de movilización del cuerpo para superar un obstáculo y luego recuperarse con rapidez. El nervio vago regula el latido cardíaco y otras funciones de los órganos, y desempeña un papel destacado en el proceso de tranquilización del cuerpo cuando nos angustiamos. Contar con un mejor tono vagal nos permite actuar con más facilidad al activarnos ante un problema y al relajarnos luego, en lugar de quedarnos en estado de excitación.

Un buen tono vagal no solo nos ayuda a recuperarnos de la tensión, sino también a dormir mejor y a protegernos contra las consecuencias negativas para la salud del estrés crónico. La clave para mejorar el tono vagal es dar con un método que nos guste y practicarlo a diario, como si hiciéramos gimnasia del nervio vago. Las técnicas existentes son variadas y van desde algo tan sencillo como acordarnos de contar del uno al diez poco a poco cuando empezamos a enfadarnos con alguien hasta la relajación sistemática de los músculos o la meditación.

En ocasiones cuando hablo de meditación, un tema sobre el que escribo desde hace décadas, me preguntan si pueden conseguirse los mismos efectos con psicofármacos.[16] Yo prefiero recurrir a técnicas mentales para intervenir en los estados del cerebro; es una forma natural de manejarlo.

Existen muchos tipos de meditación que implican estrategias mentales distintas: la concentración, la conciencia plena y la visualización, por poner solo tres ejemplos. Cada uno de ellos tiene efectos concretos sobre nuestros estados mentales. Por ejemplo, la visualización activa centros del córtex visual espacial, mientras que la concentración trabaja los circuitos de atención del córtex prefrontal, pero no la zona visual. Un nuevo campo científico, la neurociencia contemplativa, ha empezado a estudiar con detenimiento qué diferencias hay entre las consecuencias de un tipo u otro de meditación en el cerebro, qué centros se activan y cuáles podrían ser los beneficios concretos.

La motivación: lo que nos mueve

Las palabras «motivación» y «emoción» tienen orígenes muy parecidos: las dos están relacionadas con el concepto de movimiento. La motivación es lo que nos impulsa a actuar para conseguir un objetivo. Todo lo que nos motive nos hace sentir bien. Como me dijo un científico, «para conseguir que hagamos lo que le interesa, la naturaleza lo convierte en un placer».

Las motivaciones determinan dónde encontramos placeres, pero con frecuencia cuando llega el momento de lograr esos objetivos la vida presenta dificultades. Sin embargo, si nos topamos con contratiempos y obstáculos en la consecución de las metas a las que nos empujan nuestras motivaciones se activan unos circuitos que convergen en una zona del córtex prefrontal izquierdo con el fin de recordarnos las buenas sensaciones que vamos a experimentar cuando alcancemos los objetivos. Cuando algo sale mal, eso nos ayuda a seguir adelante a pesar de las dificultades.

La gente cuyo punto de ajuste emocional se inclina hacia el lado izquierdo tiende a ser más positiva emocionalmente, pero, según ha constatado Davidson, es propensa a la ira, en especial cuando se malogra un objetivo importante. En esos momentos se frustran y se enfadan, lo cual es bueno, porque moviliza la energía y centra la atención en el esfuerzo necesario para superar los obstáculos y alcanzar la meta en cuestión.

Por el contrario, señala Davidson, la activación de la zona prefrontal derecha funciona como lo que se denomina un «inhibidor de la conducta»: esos individuos tiran la toalla con más facilidad cuando las cosas se tuercen. También son demasiado reacios a correr riesgos, no porque tomen precauciones sensatas, sino porque aplican un exceso de cautela. Adolecen de falta de motivación, suelen ser más ansiosos y miedosos y están más pendientes de posibles amenazas.

Las investigaciones de Davidson indican que el hemisferio izquierdo se pone en funcionamiento con solo pensar en conseguir un objetivo relevante. La actividad de la zona prefrontal izquierda se relaciona con algo más importante que una meta cualquiera: es la sensación de tener un norte en la vida, las grandes empresas que dan sentido a la existencia.

Howard Gardner ha escrito sobre lo que denomina «buen trabajo», una mezcla de excelencia (hacer un trabajo dando lo mejor de nosotros), compromiso (estamos entusiasmados y llenos de energía y nos encanta lo que hacemos) y ética (el trabajo encaja con el sentido, el propósito y el rumbo que damos a nuestra vida). Nadie lo ha investigado todavía, pero me atrevo a predecir que si se estudiara el cerebro de personas que estuvieran realizando buen trabajo se detectaría un actividad relativamente mayor en la zona prefrontal izquierda.

Cuando estudiaba Medicina en Harvard, mi mentor era el psicólogo David McClelland, por aquel entonces importante teórico de la motivación. McClelland planteó tres motivadores principales para los seres humanos (existen otros modelos que enumeran docenas). Para mí, cada tipo de motivación es una vía distinta para poner en funcionamiento el córtex prefrontal izquierdo y los centros de recompensa del cerebro, lo que incrementa el impulso y la perseverancia del individuo y hace que se sienta bien.

El primero de los tres motivadores es la necesidad de poder, en el sentido de influir en otras personas. McClelland distinguía entre dos tipos de poder. Uno es el egoísta y egocéntrico, donde no importa que el efecto sobre los demás sea bueno o malo; es, por ejemplo, el que demuestran los narcisistas. El otro comporta un beneficio social; el individuo siente placer al influir en los demás positivamente o en favor del bien común.

El segundo es la necesidad de afiliación, el placer que se desprende de estar con otra gente. Quienes se caracterizan por esa motivación, por ejemplo, sienten como impulso el simple placer de colaborar con gente con la que están a gusto. Cuando trabajan en pos de una meta común, los individuos movidos por la afiliación encuentran energía al pensar lo bien que se sentirá todo el mundo cuando se alcance ese objetivo. Los grandes participantes en equipos pueden sacar fuerzas de este tipo de estimulación.

Por último tenemos la necesidad de consecución, de alcanzar un objetivo significativo. A las personas que se caracterizan por ese motivador les encanta llevar la cuenta de lo que sucede, recibir información sobre su progreso, da igual que se trate de conseguir los objetivos trimestrales estipulados en su trabajo o de recaudar millones para una organización de beneficencia. La gente con un fuerte impulso de consecución se esfuerza por mejorar, aprende incesantemente.

Por muy buenos que sean, no se contentan y siempre aspiran a obtener mejores resultados.

El impulso de consecución puede tener una desventaja: hay quien acaba siendo adicto al trabajo, se obsesiona con sus objetivos laborales y se olvida de vivir plenamente. Lo vemos en el caso de los estudiantes excesivamente empollones, que aspiran a sacar excelentes notas a expensas de todo lo demás, o en los ejecutivos de éxito que trabajan dieciocho horas todos los días de la semana, o en cualquiera que se rija por el perfeccionismo. La clave para que el impulso de consecución resulte saludable es fijarse un nivel de rendimiento muy alto y aspirar a cumplirlo, pero sin ofuscarse, porque si la meta es inalcanzable no valoramos los triunfos y nos obsesionamos con la más mínima imperfección. En esos casos, el impulso de consecución hace que la situación se nos vaya de las manos.

Al evaluar su rendimiento en cualquier situación, los perfeccionistas se fijan solo en lo que podrían haber hecho mejor, no en lo que han hecho bien. Puede que estén ya en un ciento diez por cien comparados con otra gente, pero tratan desesperadamente de alcanzar un ciento doce o un ciento quince. En la actualidad ese esfuerzo se premia muy claramente tanto en el mundo educativo como en el laboral, pero tiene un coste humano tanto para el estudiante como para el trabajador: la vida se resiente. El precio puede ser un fracaso sentimental detrás de otro, o no tener nunca tiempo para disfrutar de algo, o desde el punto de vista de la salud sufrir de estrés crónico.

¿Cómo podemos ayudar a quien sufra ese problema? Creo que primero hay que tratar de hacerle entender que aspirar a un éxito excesivo tiene un lado negativo. Lo segundo es explicarle que no siempre hay que conseguir un ciento diez por cien, que a veces llegar solo al ochenta o al noventa ya está muy bien, y que además de tener éxito uno puede disfrutar de la vida y ser feliz.

McClelland descubrió que puede calcularse el nivel de necesidad de consecución con un simple juego infantil consistente en lanzar una anilla de plástico que debe encajar en una estaca que previamente se ha clavado en el suelo y que puede colocarse a uno, dos, tres o cuatro metros de distancia: cuando más lejos esté más puntos se obtienen. A la gente con una gran motivación de consecución se le da muy bien calcular cuál es la máxima distancia a la que puede colocar la estaca para luego acertar al lanzar la anilla. Tienen habilidad para correr riesgos. Puede que hagan cosas que a ojos de los demás parezcan muy peligrosas, pero antes han investigado adecuadamente y poseen la información necesaria, o cuentan con la capacidad requerida, las habilidades que les ayudarán a lograr el objetivo.

En sus investigaciones McClelland averiguó que ese rasgo está muy marcado en los empresarios de gran éxito profesional.

Recuerdo que hace unos años participé en unas jornadas sobre el mundo laboral, en concreto en una mesa redonda con dos jóvenes expertos en nuevas tecnologías, cada uno de ellos responsable de una puntocom. Una en concreto era Razorfish, que se dedicaba a comprar espacio publicitario interactivo en aquella historia, tan novedosa por entonces, que se llamaba «internet». Todo el mundo tenía muchas esperanzas depositadas en Razorfish en aquel momento (el principio de la burbuja tecnológica de los años noventa) y la joven empresa ganaba valor de mercado con bastante rapidez. Razorfish tenía una buena capitalización de mercado que se esfumó cuando estalló la burbuja. Desde entonces ha cambiado de manos en varias ocasiones.

Personalmente me despertó más interés el otro emprendedor de la mesa redonda, que dirigía una nueva compañía que en aquella época llamaba menos la atención que Razorfish. Al hablar con él me di cuenta de que era el típico ejemplo del perfil trazado por McClelland del empresario con un gran impulso de consecución: daba la impresión de que disfrutaba descubriendo constantemente cómo mejorar su rendimiento. Mientras hacía la carrera había resuelto una compleja cuestión matemática relacionada con algoritmos avanzadísimos que poca gente comprendía y que tenía importantes aplicaciones potenciales en internet. Los demás consideraban que se había arriesgado enormemente al crear una puntocom basada en la aplicación de un método poco conocido y aún por poner a prueba, pero él estaba convencido de que funcionaría. Se había preparado a conciencia. Poca gente había oído hablar de su empresa por aquel entonces y si yo la recordé fue porque tenía un nombre curioso. Se llamaba Google. Él era Sergei Brin.

El rendimiento óptimo

Hace aproximadamente un siglo que la psicología está al tanto de la relación entre estrés y rendimiento. Se conoce como la ley de Yerkes-Dodson. Aunque los psicólogos Yerkes y Dodson no podían saberlo hace cien años, en realidad estaban estudiando los efectos del eje hipotalámico-hipofisario-suprarrenal, las conexiones que segregan hormonas del estrés cuando se activa la amígdala.

Se trata de una forma distinta de analizar de qué modo el cerebro beneficia o perjudica nuestro rendimiento, ya sea en el trabajo, en el aprendizaje, en un deporte o cualquier otra esfera que requiera la aplicación de nuestras capacidades. La ley de Yerkes-Dodson recoge tres estados principales: desvinculación, flujo y sobrecarga. Cada uno de ellos tiene una enorme influencia en nuestra capacidad de rendir al máximo: la desvinculación y la sobrecarga dan al traste con nuestros esfuerzos, mientras que el flujo les saca partido.

Las hormonas del estrés y el rendimiento

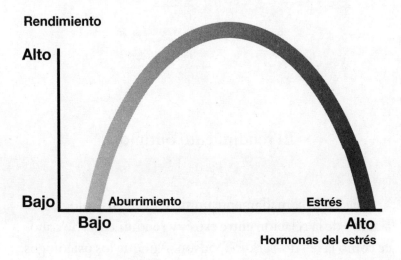

Rendimiento

Alto

Bajo   Aburrimiento   Estrés

Bajo   Alto

Hormonas del estrés

Las consecuencias del estrés sobre el rendimiento

La relación entre estrés y rendimiento, reflejada en la ley de Yerkes-Dodson, indica que el aburrimiento y la desvinculación activan una cantidad excesivamente pequeña de las hormonas del estrés segregadas por el eje hipotalámico-hipofisario-suprarrenal, con lo que el rendimiento se resiente. Cuando nos sentimos más motivados y vinculados, el «estrés bueno» nos sitúa en la zona óptima, donde funcionamos en plenitud de condiciones. Si los problemas resultan excesivos y nos desbordan, entramos en la zona de agotamiento, donde los niveles de hormonas del estrés son demasiado elevados y entorpecen el rendimiento.

La desvinculación

En todo el mundo abundan los trabajos repletos de individuos estancados por falta de vinculación, de implicación: les aburre su cometido, no se sienten inspirados y carecen de interés. La motivación para rendir al máximo es escasa o nula, y se limitan a hacer lo mínimo para que no los despidan. Los estudios sobre el compromiso de los trabajadores señalan que en las empresas más productivas hay diez empleados completamente vinculados por cada uno desvinculado, mientras que en las que tienen una productividad media la proporción es solamente de dos a uno.[17] Los trabajadores vinculados son más productivos, ofrecen una mejor atención a los clientes y resultan más leales a la empresa.

Al pasar del aburrimiento a la zona óptima del arco de rendimiento el cerebro segrega cada vez mayor cantidad de hormonas del estrés y entramos en la franja del «estrés bueno», donde se reactiva el rendimiento. Los retos (por ejemplo, estar motivado para alcanzar un objetivo, tener que demostrar de qué somos capaces o trabajar a toda máquina en equipo para llegar a tiempo a una entrega) hacen que centremos la atención y nos llevan a dar lo mejor de nosotros mismos. El estrés bueno suscita la vinculación, el entusiasmo y la motivación, y moviliza la cantidad adecuada de las hormonas del estrés cortisol y adrenalina (junto con otras sustancias beneficiosas que segrega el cerebro, como la dopamina) para hacer el trabajo con eficiencia. Tanto el cortisol como la adrenalina tienen efectos protectores y perjudiciales, pero el estrés bueno activa sus beneficios.

La sobrecarga

Sin embargo, cuando las exigencias son tantas que no podemos gestionarlas, cuando la presión nos desborda, cuando tenemos demasiado que hacer y nos falta tiempo o apoyo, entramos en la zona del estrés malo. Un poco más allá de la zona óptima, en lo alto del arco de rendimiento, hay un punto de inflexión donde el cerebro produce demasiadas hormonas del estrés, que empiezan a afectar a nuestra capacidad de trabajar bien, de innovar, de escuchar y de hacer planes de un modo eficaz.

Los costes del estrés crónico van mucho más allá del rendimiento. En esa zona, lo que técnicamente se denomina «carga alostática» provoca que prevalezcan los efectos perjudiciales de las hormonas del estrés. Unos niveles excesivos de esas secreciones durante un período demasiado prolongado alteran la función neuroendocrina y provocan desequilibrios de los sistemas inmunitario y nervioso, de modo que somos más propensos a sufrir enfermedades y nos cuesta pensar con claridad. El ritmo circadiano se trastorna y dormimos mal.

Mucho antes de haber oído hablar del eje hipotalámico-hipofisario-suprarrenal, cuando me preparaba para doctorarme, investigué ese tema en mi tesis. Medí la fisiología de determinadas personas (controlando la respuesta del ritmo cardíaco y la sudoración) mientras veían una película realizada para inspirar a los trabajadores de la industria maderera a utilizar los dispositivos de protección. En las imágenes se veían tres accidentes, todos ellos provocados por no emplear un mecanismo de seguridad. En el primero aparecía Mack, que metía un trozo gigantesco de contrachapado en una sierra circular con unos dientes muy afilados que causaban impresión. No había colocado la protección. Dirigía el pulgar hacia la sierra, pero como estaba charlando con su amigo George no se daba cuenta. A medida que el dedo se acercaba a la sierra aumentaba la aprensión, como pude comprobar a partir de la respuesta del ritmo cardíaco y la sudoración de los espectadores de la película. Se sabía exactamente en qué momento llegaba el pulgar a la sierra con solo mirar la gráfica de los individuos, cuya amígdala funcionaba a toda máquina.

Una vez pasado el accidente, el ritmo cardíaco y la sudoración se serenaban, ya que la gente comenzaba a reponerse, pero entonces empezaba a prepararse el siguiente accidente y, dado que no se habían recuperado del todo, los espectadores tenían una respuesta aún más pronunciada. Al producirse el tercero la gráfica se nos quedaba pequeña, literalmente: por aquel entonces utilizábamos tinta y papel, una especie de polígrafo, y al llegar ese punto la aguja se salía de la hoja.

Eso mismo nos sucede cuando tenemos un mal día. En nuestro interior se produce esa reacción de estrés en ascenso vertiginoso si nos dormimos porque no suena el despertador y de repente nos damos cuenta de que vamos a llegar tarde a una reunión importante; luego los niños se portan mal o tenemos un encontronazo con nuestra pareja, así que salimos de casa de un humor de perros; a continuación el coche se niega a arrancar y las frustraciones se suceden. Y todo eso antes siquiera de haber llegado a la oficina. Las hormonas del estrés van a tope.

En ese ejemplo tenemos problemas continuados, una de las causas más habituales de la carga alostática, que, en caso de convertirse en un factor crónico, puede dejarnos más expuestos a las enfermedades. Los científicos han descubierto que tener que afrontar repetidamente toda una serie de hechos estresantes provoca ese resultado. Lo mismo sucede cuando existe una fuente de estrés crónica (por ejemplo, un compañero de trabajo desagradable) a la que nunca nos acostumbramos. Otro motivo es obsesionarnos con lo que nos agobia (por ejemplo, despertarnos en plena noche y ponernos a darle vueltas), de modo que no conseguimos reducir el nivel de estrés.[18]

Los científicos que estudian la activación del eje hipotalámico-hipofisario-suprarrenal señalan que una de las formas más fiables de estimular la producción de cortisol y adrenalina es una simulación de una entrevista laboral. El experimento consiste en buscar a gente en paro a la que se ofrece una supuesta preparación para aprender a buscar trabajo. Llegan a un laboratorio de psicología donde se miden sus reacciones fisiológicas durante lo que creen que es una práctica de entrevista de trabajo. En realidad, la persona con la que hablan es un cómplice del ensayo que empieza a tener reacciones no verbales negativas (como miradas de indignación) mientras el pobre candidato va hablando y luego pasa a criticarlo abiertamente. Como es lógico, el eje hipotalámico-hipofisario-suprarrenal se activa inequívocamente. Los directivos y los supervisores deberían ser conscientes de que eso es lo que sucede si al hablar con un trabajador de su rendimiento se centran tan solo en lo que ha hecho mal, y no en cómo puede mejorar y en lo que ha hecho bien.

En el nivel máximo de segregación de hormonas del estrés nos abrumamos, lo que entorpece ampliamente nuestra capacidad cognitiva; por ejemplo, el rendimiento matemático y lingüístico puede disminuir un cincuenta por ciento. Cuando estamos sobrecargados reaccionamos de forma rígida, inflexible. No podemos adaptarnos a nuevas situaciones. No logramos concentrarnos, nos distraemos con facilidad.

Estar siempre abrumado puede dañar el hipocampo, que es determinante para el aprendizaje: ahí es donde los recuerdos recientes (por ejemplo, lo que acabamos de oír o leer) pasan de la memoria a corto plazo a la memoria a largo plazo, lo que nos permitirá recordarlos con posterioridad. El hipocampo tiene una enorme cantidad de receptores de cortisol, de modo que nuestra capacidad de aprender es muy vulnerable al estrés. Si en nuestra vida hay un estrés constante, ese torrente de cortisol llega a desconectar las redes neuronales existentes y podemos sufrir graves pérdidas de memoria, según se ha observado en afecciones clínicas como el trastorno de estrés postraumático y la depresión aguda.

Investigaciones más recientes han demostrado que los efectos biológicos del tales niveles de estrés malo afectan a la salud en muchos sentidos.[19] Se produce un incremento de grasa abdominal y aumenta la resistencia a la insulina. El cuerpo se vuelve más propenso a la diabetes, las cardiopatías y las obstrucciones arteriales. La eficiencia del sistema inmunitario cae en picado. El cortisol degrada la vaina mielínica que recubre las vías nerviosas, lo que reduce la transmisión de señales de una zona del cerebro a otra. En resumen, los efectos neurológicos, cognitivos y biológicos de un estrés excesivo son aún peores de lo que se creía.

El flujo

El punto ideal del arco de Yerkes-Dodson en el que debemos ubicarnos es la zona de rendimiento óptimo, denominada «flujo» en las investigaciones realizadas por Mihály Csíkszentmihályi en la Universidad de Chicago. El estado de flujo representa un pico de autorregulación, el punto de aprovechamiento máximo de las emociones al servicio del rendimiento o el aprendizaje. Permite canalizar las emociones positivas para realizar una tarea con energía. En ese estado estamos concentrados y sentimos una alegría espontánea, un éxtasis incluso.

El concepto del flujo surgió de una investigación en la que se pedía a los participantes que describieran un momento en el que se habían superado y habían alcanzado su cota máxima personal. La gente refirió momentos relacionados con campos de especialización muy diversos, desde el baloncesto hasta el ballet pasando por el ajedrez o la neurocirugía, pero con independencia de los detalles el estado subyacente que describían era siempre el mismo.

Algunas de las características principales del flujo son una concentración intensa e inquebrantable, una ágil flexibilidad para reaccionar ante nuevos problemas, un rendimiento al máximo de nuestra capacidad y una sensación de placer, de enorme felicidad, derivada de la actividad que tenemos entre manos. Ese último punto nos indica claramente que si se hiciera una exploración cerebral a una persona en pleno estado de flujo probablemente se apreciaría una notable actividad prefrontal izquierda; si se hiciera un estudio de la química cerebral, es posible que se encontraran mayores cantidades de los compuestos que estimulan el ánimo y la productividad, como la dopamina.

Esa zona de rendimiento óptimo se ha definido como un estado de armonía neuronal, en el que áreas dispares del cerebro se encuentran en sincronía, colaboran. También se ha considerado un estado de máxima eficiencia cognitiva.[20] Alcanzar el flujo nos permite aprovechar al máximo nivel cualquier talento que podamos tener.

Por lo general quienes han llegado a dominar un campo de actividad concreto y se encuentran entre los mejores del mundo han practicado un mínimo de 10.000 horas.[21] Es interesante comprobar que cuando esos individuos ejercitan esas habilidades, sean las que sean, su nivel global de actividad cerebral tiende a disminuir, lo que indica que han acabado por realizar esa actividad específica relativamente sin esfuerzo, incluso en los momentos de mayor rendimiento.

Unos de los primeros estudios sobre el tema aseguraba que en el estado de flujo solo trabajan las zonas cerebrales relacionadas con la actividad, lo cual contrasta con lo que le sucede a una persona que se aburre, dado que en este caso se detecta una activación neuronal dispersa y aleatoria, en lugar de una delimitación bien definida de la actividad en las zonas relacionadas con la tarea. En el cerebro de una persona estresada se aprecia mucha actividad en circuitos emocionales irrelevantes para la labor que tiene entre manos, lo que indica que está alterada y nerviosa.

Una empresa conseguirá rendir al máximo siempre que sus trabajadores aporten todas sus capacidades en grado sumo. Cuanto más momentos de flujo haya (o sencillamente de permanencia en la zona de vinculación y motivación), mejor. Hay varias vías para llegar a ese estado:

- Ajustar las demandas para adaptarse a la capacidad de la persona. Si tiene trabajadores a su cargo, trate de medir su nivel óptimo de enfrentamiento con las dificultades. Si no están muy motivados, aumente la dificultad de modo que su trabajo resulte más interesante, por ejemplo encargándoles algo más difícil de lo habitual. Si están abrumados, reduzca la demanda y muéstreles su respaldo (ya sea emocional o logístico).
- Practicar las habilidades en cuestión para mejorarlas y poder afrontar un mayor nivel de demanda.
- Mejorar la capacidad de concentración para poder prestar más atención, ya que la atención es de por sí una vía de acceso a la fase de flujo.

Por último, tenemos que darnos cuenta cuando nosotros mismos u otras personas salimos de la zona de estrés positivo y máximo rendimiento, para poder aplicar el remedio adecuado. Hay que prestar atención a varios indicadores. El más evidente es la disminución del rendimiento: no conseguimos hacer la tarea igual de bien, no importa el parámetro que utilicemos para medirlo. Otro es la pérdida de atención, la falta de concentración o el aburrimiento. Y existen pistas más sutiles que pueden detectarse antes de un descenso apreciable del rendimiento. Por ejemplo, si alguien parece «despistado» en comparación con su forma habitual de hacer las cosas, o responde con mucha rigidez en lugar de tener en consideración las alternativas, o se muestra malhumorado y se inquieta fácilmente, cualquiera de esos síntomas puede indicar que la ansiedad está afectando negativamente a su eficiencia cognitiva.

Para llegar al flujo es necesario un equilibrio entre las exigencias que plantea una situación y la capacidad de la persona: muy a menudo lo alcanzamos cuando nos vemos empujados a utilizar nuestras habilidades con todo su potencial. Sin embargo, el punto óptimo varía ampliamente en función de cada persona. En una ocasión hablé del flujo y el arco de rendimiento con un piloto de aviones militares que me contó que lo que para la mayoría de la gente sería una zona de enorme sobrecarga para los pilotos supone la entrada en el flujo, y eso porque para ejercer su profesión hay que tener un tiempo de reacción situado en el percentil noventa y nueve; es decir, una rapidez casi sobrehumana. «Funcionamos a base de adrenalina», me dijo, y eso es lo que los hace disfrutar.

Una estrategia general para aumentar las posibilidades de entrar en esa fase es practicar habitualmente métodos de mejora de la concentración y la relajación fisiológica. Hay que tomárselos como una tabla de ejercicios y hacerlos todos los días, o todos los días en que sea posible. Por ejemplo, a mí me gusta meditar por las mañanas y creo que eso me ayuda a tener una actitud positiva, tranquilidad y mayor concentración a lo largo de casi todo el día. Si tenemos un trabajo muy estresante puede ayudarnos ofrecer con regularidad al cerebro y al cuerpo la oportunidad de recuperarse y relajarse. La meditación es solamente uno de los muchos métodos de relajación existentes; la clave está en encontrar uno que nos guste y practicarlo con frecuencia.

Todo lo que de verdad nos relaje es útil. No me refiero a salir a correr un rato sin dejar de preocuparnos de lo que va mal: eso no es relajarse. Me refiero a jugar con niños, o sacar al perro, o practicar el golf, o cualquier cosa que sirva para tranquilizarnos. Cuanto más rompamos el ciclo de captura de la zona prefrontal derecha por parte de la amígala, más libres estaremos para activar los circuitos beneficiosos del córtex prefrontal izquierdo.

Si practicamos habitualmente algo como la conciencia plena, nos parece que esa mayor activación del hemisferio izquierdo adquiere prominencia con el tiempo, y lo cierto es que el cambio más pronunciado se experimenta durante los primeros meses. Hasta el momento los datos más claros sobre ese paso de la zona prefrontal derecha a la izquierda proceden de la investigación realizada por Davidson con Jon Kabat-Zinn, durante la cual personas situadas en entornos profesionales de mucho estrés practicaron la conciencia plena. En la actualidad están repitiendo el experimento para asegurarse de que se obtienen los mismos resultados y para comprender mejor las condiciones propiciadas por esa actividad. ¿Con qué frecuencia y durante cuánto tiempo hay que practicar para apreciar cambios del sistema nervioso o el cuerpo? ¿Hay algún tipo de gente que se beneficie más que los demás? Para contestar a esas preguntas nos hacen falta más estudios.

Otra cuestión, aparte de las ventajas antiestrés, es cómo aumentar la capacidad de concentración. La concentración es una habilidad mental y todas las habilidades pueden mejorar mediante la práctica, pero con el incremento vertiginoso de las distracciones con las que todos no topamos en nuestros días este asunto se ha convertido en algo decisivo en el entorno laboral. Cuanto más nos distraemos menos eficientes somos.

Neurocientíficos cognitivos como Davidson están analizando ahora los métodos clásicos de meditación, que desde su punto de vista son ejercicios de adiestramiento para lograr una mayor concentración de la atención. Existen muchos métodos de meditación en las tradiciones espirituales europea y asiática y muchos pueden entenderse, básicamente, como formas de aumentar la concentración (algo muy alejado de su función espiritual). La regla fundamental de cualquier técnica de intensificación de la concentración es dirigir la atención a A y, siempre que la mente se distraiga hacia los asuntos B, C, D, E o F y nos demos cuenta de lo sucedido, hacerla volver a A. Cada vez que redirijamos la mente distraída hacia un estado de atención ejercitaremos la musculatura de la concentración. Es como hacer repeticiones con un aparato de gimnasia, con la diferencia de que en este caso se fortalece una parte del cerebro: la atención.

El cerebro social

«Mindsight» es el término que utiliza el doctor Daniel Siegel, director del Instituto Mindsight de la UCLA, para referirse a la capacidad de autocontemplación que tiene la mente. Su notable trabajo defiende con solidez que los circuitos cerebrales que utilizamos para el autodominio y el autoconocimiento son en gran medida los mismos que activamos para conocer a otra persona.[22] En otras palabras, en cierto sentido la conciencia que tenemos de la realidad interior de otra persona y la que tenemos de la nuestra son sendos ejemplos de empatía. Siegel, que es buen amigo mío y todo un pionero, ha fundado un nuevo campo, la neurobiología interpersonal, que no ha cobrado forma hasta hace pocos años, cuando la ciencia ha ido descubriendo el cerebro social.

El cerebro social cuenta con infinidad de circuitos, todos ellos concebidos para adaptarse a la mente de otra persona e interactuar con ella. Se trata de un descubrimiento relativamente reciente de la neurociencia, ya que desde sus orígenes las investigaciones cerebrales se habían centrado únicamente en un solo cerebro de un solo cuerpo de una sola persona. Sin embargo, hace entre cinco y diez años empezaron a estudiar dos cerebros de dos cuerpos de dos personas mientras interactuaban, y eso ha dado paso a todo un abanico de descubrimientos.

Un hallazgo clave ha sido el de las «neuronas espejo», que funcionan como una especie de wifi neuronal para conectar con otro cerebro. Se cuentan varias historias sobre su descubrimiento. Mi preferida tiene que ver con un laboratorio italiano en el que se hacía un mapeo del córtex motor, la parte del cerebro que mueve el cuerpo, de un mono. Medían neuronas individuales, de una en una, observando células que solo tenían una función y nunca se activaban cuando el animal hacía otra actividad. Un buen día, mientras estudiaban una neurona que solo operaba cuando el simio levantaba un brazo, se sorprendieron al detectar en ella actividad sin que el animal se hubiera movido.

Entonces se dieron cuenta de lo que sucedía. Hacía calor y un ayudante del laboratorio había salido a buscar un helado y estaba comiéndoselo delante de la jaula; pues bien, cada vez que levantaba el brazo para darle un lametón se activaba la neurona del mono con esa misma función. Ahora sabemos que el cerebro humano está salpicado de neuronas espejo que reflejan en nosotros exactamente lo que vemos en los demás: sus emociones, sus movimientos e incluso sus intenciones.[23]

Ese descubrimiento puede explicar por qué se contagian las emociones. Hacía ya décadas que la psicología estaba al tanto de ese factor, gracias a experimentos en los que dos desconocidos entran en un laboratorio y deben marcar en una lista de estados de ánimo los que experimentan en ese momento. Luego permanecen en silencio, mirándose, durante dos minutos. A continuación vuelven a marcar los elementos de la misma lista. De los dos, el que sea más expresivo emocionalmente habrá transmitido sus emociones al otro durante los dos minutos de silencio.

Sin embargo, el proceso en sí era un enigma. Los psicólogos se preguntaban por el mecanismo del contagio. Ahora ya lo sabemos: se produce gracias a las neuronas espejo (y a otras zonas como la ínsula, que está al tanto de las sensaciones de todo el cuerpo), en lo que equivale a una conexión entre dos cerebros. Debido a ese canal furtivo existe en todas y cada una de nuestras interacciones un subtexto emocional que determina enormemente todo lo demás.

Por ejemplo, pensemos en un estudio consistente en comunicar a determinadas personas cuál había sido su rendimiento, en algunos casos negativo y en otros positivo. Si recibían reprobaciones en un tono afectuoso, positivo y optimista, salían con muy buena impresión del proceso de interacción. En cambio, si se alababa su actuación en un tono muy frío, crítico y censor, acababan con una sensación negativa, aunque les hubieran felicitado. Por consiguiente, el subtexto emocional es más fuerte en muchos sentidos que la interacción aparente y manifiesta.

Eso significa que, básicamente, influimos de forma constante en el estado cerebral de los demás. Según mi modelo de inteligencia emocional, la gestión de las relaciones quiere decir, en este nivel, que somos responsables de cómo determinamos los sentimientos de las personas con las que interactuamos, para bien o para mal. En ese sentido, la capacidad relacional tiene que ver con la gestión de los estados cerebrales de los demás.

A partir de ahí surge un interrogante: ¿quién envía las emociones que pasan entre las personas y quién las recibe? Una respuesta, para grupos de iguales, es que el emisor suele ser el individuo más expresivo emocionalmente. Sin embargo, cuando existen diferencias de poder (en el aula, en el trabajo, por lo general en cualquier tipo de organización) el emisor emocional es el individuo más poderoso, que marca el estado emocional del resto.

En cualquier grupo de seres humanos se presta el máximo de atención (y se confiere el máximo de importancia) a lo que diga o haga la persona con más poder. Hay muchos estudios que señalan, por ejemplo, que si el líder de un equipo está de buen humor los demás lo reflejan y el optimismo colectivo mejora el rendimiento del conjunto. En cambio, si el líder proyecta mal humor lo propaga del mismo modo y el funcionamiento del grupo se resiente. Eso se ha observado en grupos que tomaban decisiones empresariales, que buscaban soluciones creativas o incluso que montaban una tienda de campaña.

El contagio emocional se produce siempre que la gente interactúa, ya sea en pareja, en grupo o en una organización. Se hace más evidente en un acontecimiento deportivo o una representación teatral, donde la multitud experimenta idénticas emociones al mismo tiempo. El responsable de esa transmisión es nuestro cerebro social, gracias a circuitos como el sistema de neuronas espejo. El contagio emocional de una persona a otra surge automática, instantánea e inconscientemente y escapa a nuestro control.

En el Hospital General de Massachusetts, vinculado a la Facultad de Medicina de Harvard, se hizo un estudio con médicos y pacientes durante una sesión de psicoterapia. La interacción se grabó en vídeo y se controló su fisiología. Posteriormente los pacientes vieron la grabación e identificaron los momentos en los que habían tenido la impresión de que el médico establecía lazos de empatía con ellos y se habían sentido escuchados y comprendidos, compenetrados con él, y los momentos en los que se habían encontrado disgregados y habían pensado: «Mi médico no me entiende, le traigo sin cuidado.» Cuando los pacientes se habían sentido disgregados tampoco se había observado una conexión en su fisiología. No obstante, cuando decían: «Sí, he sentido una verdadera conexión con el médico», sus fisiologías se habían movido conjuntamente, como en un baile. Se había producido asimismo una coincidencia fisiológica; el ritmo cardíaco de médico y paciente se había sincronizado.

Ese estudio refleja la fisiología de la compenetración o *rapport*, un estado que se caracteriza por tres ingredientes.[24] El primero es la atención absoluta. Las dos personas tienen que estar completamente pendientes la una de la otra y dejar a un lado las distracciones. El segundo es la sincronía no verbal. Si dos individuos conectan bien realmente y se observa esa interacción sin fijarse en lo que dicen (como quien ve una película sin sonido), se apreciará que sus movimientos están casi coreografiados, como si bailaran. El responsable de orquestar esa sincronía es otro grupo de neuronas, llamadas osciladores, que regulan nuestro movimiento con respecto a otro cuerpo (o a un objeto).[25]

El tercer ingrediente de la compenetración es la positividad. Es una especie de microflujo, de subidón interpersonal; me imagino que un estudio cerebral revelaría actividad en la zona prefrontal izquierda en ambas personas. En esos momentos de química interpersonal, de conexión, es cuando salen mejor las cosas, con independencia de los detalles de lo que estemos haciendo juntos.

En un artículo aparecido en *Harvard Business Review* ese tipo de interacción se denomina «momento humano».[26] ¿Cómo se consigue un momento humano en el trabajo? Tenemos que dejar a un lado todo lo demás y prestar una atención incondicional a la persona con la que estamos. Con eso se abre la puerta de la compenetración, en la que el flujo emocional está en sincronía. Nuestra fisiología refleja la de la otra persona, que nos hace sentir conexión, proximidad y afecto. Podemos analizar ese momento humano en función de la fisiología, pero también desde el punto de vista de la experiencia, puesto que en esos instantes de química nos resulta agradable estar con la otra persona, que a su vez siente lo mismo con respecto a nosotros.

El cerebro social en internet

La naturaleza concibió el cerebro social para la interacción cara a cara, no para el mundo virtual. Por consiguiente, ¿cómo se relacionan los cerebros sociales cuando miramos un monitor y no directamente a otra persona? Contamos con una pista crucial sobre los problemas que presentan esas comunicaciones desde los inicios de internet, cuando los únicos que mandaban correos electrónicos eran los científicos, que utilizaban lo que por entonces se llamaba Arpanet. Esa pista son los mensajes ofuscados o *flaming*, que se envían cuando la persona se altera un poco (o mucho) y la amígdala toma las riendas de la situación, con lo que se escribe arrebatadamente y se hace clic en Enviar sin haberlo pensado bien. Y a continuación ese producto del secuestro amigdalar aparece en el buzón de entrada de otro individuo. El término técnico más adecuado sería «ciberdesinhibición», porque se ha comprobado que la desconexión entre el cerebro social y la pantalla libera el control que suelen tener sobre la amígdala las zonas prefrontales, más razonables.

La explicación de los mensajes ofuscados es que en internet el cerebro social no recibe información: a no ser que se hable cara a cara vía teleconferencia, los circuitos sociales no ven nada. No saben cómo está reaccionando la otra persona y no pueden guiar nuestra respuesta (no pueden decir: «Haz eso, no lo otro»), como sucede de modo automático e instantáneo en las comunicaciones cara a cara. En lugar de funcionar como radar social, el cerebro social enmudece, lo que da rienda suelta a la amígdala para enviar mensajes ofuscados si sufrimos un secuestro.

Incluso en una llamada telefónica esos circuitos reciben por el tono de voz gran cantidad de impulsos emocionales que permiten comprender los matices de lo que se dice. El correo electrónico, por el contrario, no ofrece toda esa información.

Hace poco conversé con un consultor europeo cuyos servicios habían solicitado dos empresas de tecnología que tenían una alianza laboral para colaborar en la creación de una nueva línea de productos. Cada una contaba con un equipo de ingenieros, que estaban en distintos edificios de distintos barrios de la misma ciudad.

No se reunían, solo se comunicaban por correo electrónico, y la situación había degenerado en una guerra de mensajes ofuscados. El proyecto estaba atascado. ¿Y qué hizo el consultor? Congregó a los dos grupos en un tercer lugar durante dos días, sencillamente para que se conocieran todos en persona.

Un motivo por el que esa conexión personal resulta tan importante en el caso de la comunicación virtual es la interfaz cerebro social/pantalla.

Cuando nos sentamos ante el teclado, escribimos un mensaje que consideramos positivo y hacemos clic en Enviar, lo que no comprendemos neurológicamente es que nadie recibe nuestros impulsos no verbales (expresión facial, tono de voz, gesticulación, etcétera). El correo electrónico tiende a la negatividad: cuando el que lo manda cree que ha escrito algo positivo, el que lo recibe acostumbra a considerarlo neutro. Cuando al primero le parece neutro, el segundo suele verlo un tanto negativo. La gran excepción aparece cuando los dos se conocen bien; ese vínculo salva la tendencia a la negatividad.

Clay Shirky, que estudia las redes sociales y la web en la Universidad de Nueva York, me mencionaba un ejemplo relacionado con un equipo internacional de seguridad bancaria que tenía que trabajar las veinticuatro horas del día. Me decía que, para poder funcionar bien, era imprescindible que utilizaran lo que él llama un modelo de baniano, por recordar las características de este árbol, según el cual los principales componentes de los distintos grupos debían reunirse y verse cara a cara, de modo que, al ponerse en contacto entre sí cuando se produjera una crisis, supieran evaluar con claridad los mensajes enviados por los demás. Si en el grupo receptor alguien conoce bien a quien manda el mensaje, o tiene un contacto al que puede preguntar por él, será más fácil evaluar la reacción adecuada.

Por descontado, una enorme ventaja de la web es lo que podríamos denominar «el cerebro 2.0». Como señala Shirky, las redes sociales tienen un potencial inmenso para multiplicar nuestro capital intelectual.[27] Se trata de una especie de supercerebro, el cerebro ampliado gracias a internet.

El concepto de coeficiente intelectual de grupo hace referencia a la suma total de las mejores aptitudes de los distintos miembros de un equipo, aunadas en toda su intensidad. Resulta que el factor que provoca que ese coeficiente se sitúe por debajo de su potencial es la falta de armonía interpersonal entre los miembros. Vanessa Druskat, de la Universidad de New Hampshire, ha estudiado lo que llama «coeficiente emocional de grupo», determinado por factores como ser capaz de cobrar relevancia y resolver conflictos dentro del grupo o tener altos niveles de confianza y comprensión mutua. Sus investigaciones indican que los equipos con los mayores coeficientes de inteligencia emocional colectiva superan en resultados a los demás.

Si aplicamos eso a los grupos que trabajan en línea, un principio de funcionamiento básico es que cuanto más canales lleguen al cerebro social más fácilmente se logrará la sintonía. Así, en una videoconferencia se reciben impulsos visuales, corporales y vocales. Incluso en una teleconferencia la voz transmite una gran variedad de impulsos emocionales. Si de todos modos se colabora únicamente por vía escrita siempre es mejor conocer bien a la otra persona o al menos tener una impresión de cómo es, para contar con contexto al leer sus mensajes y superar la tendencia a la negatividad. Y lo más recomendable es salir del despacho y verse para hablar cara a cara.

Las variedades de la empatía

La aptitud básica de la conciencia social es la empatía: percibir lo que piensan y sienten los demás sin que nos lo digan con palabras. Enviamos continuamente señales sobre nuestros sentimientos mediante el tono de voz, la expresión facial, los gestos y muchos otros canales no verbales. La capacidad de descifrarlas varía enormemente de una persona a otra.

Hay tres clases de empatía. La primera es la cognitiva: sé cómo ves las cosas, puedo adoptar tu perspectiva. Un jefe con un buen nivel de este tipo de empatía logra que sus trabajadores obtengan resultados mejores de lo esperado, porque consigue explicar las cosas de una forma que entienden, lo cual los motiva. Y los ejecutivos con una gran empatía cognitiva funcionan mejor en puestos en el extranjero, porque captan las normas tácitas de otra cultura con mayor rapidez.

La segunda clase es la empatía emocional: te siento. Es la base de la compenetración y de la química. Los que destacan en empatía emocional son buenos consejeros, profesores, responsables de atención al cliente y jefes de grupo, gracias a esa capacidad de detectar en el momento las reacciones de los demás.

Y la tercera es la preocupación empática: noto que necesitas ayuda y estoy dispuesto a dártela espontáneamente. Quienes se caracterizan por una preocupación empática son los buenos ciudadanos de un grupo, una empresa o una comunidad, los que ayudan a los demás de buen grado cuando hace falta.

La empatía es el componente esencial de la compasión. Tenemos que darnos cuenta de qué le pasa a otra persona, qué siente, para que se despierte la compasión. Hay un espectro que empieza con el ensimismamiento absoluto, cuando no nos fijamos en los demás, sigue con la fase en que les prestamos atención y empezamos a establecer una sintonía, y continúa con el establecimiento de una empatía, la comprensión de sus necesidades, la preocupación empática y por fin la acción compasiva, cuando les prestamos ayuda.

Al parecer las distintas variedades de empatía se basan en circuitos cerebrales bien diferenciados. Por ejemplo, Tania Singer, neurocientífica del Instituto Max Planck de Alemania,[28] ha estudiado la emocional y considera que la ínsula (que es, recordemos, una de las zonas cerebrales cruciales para la inteligencia emocional, según se ha descubierto) tiene una función decisiva en la empatía. La ínsula detecta señales de todo el cuerpo. Cuando establecemos una relación empática con alguien, las neuronas espejo imitan en nuestro interior el estado de esa persona. La zona anterior de la ínsula descifra ese patrón y nos dice de qué estado se trata.

Para Singer, descifrar las emociones en los demás supone, a nivel cerebral, descifrarlas primero en nosotros mismos; la ínsula se activa cuando nos centramos en nuestras propias sensaciones.[29] Por ejemplo, ha hecho estudios con técnicas de imagen por resonancia magnética funcional (IRMf) en parejas: mientras uno de los dos se somete a una exploración cerebral, ve que el otro está a punto de llevarse un susto. En ese momento se le activa la parte del cerebro que entraría en funcionamiento si se llevara realmente el susto y no se limitara a ver lo que le sucede a su pareja.

Paul Ekman, el gran experto mundial en expresión facial y emociones, es el científico en el que se basaba la serie de televisión *Miénteme*, donde el protagonista revolvía casos policiales detectando cómo se sentía la gente y dejando a un lado lo que trataban de proyectar. Descubría si mentían gracias a sutiles «fugas» no verbales de sus verdaderas emociones. Ekman ha confeccionado un programa de formación (que parece dirigirse a ese circuito neurona espejo-ínsula) mediante el cual podemos descifrar las expresiones que aparecen en el rostro de una persona durante apenas la quinta parte de un segundo, tan brevemente que no llegan a reconocerse de un modo consciente. Gracias a ese programa podemos mejorar la identificación de emociones fugaces (pero reveladoras) en la cara de otra persona, y eso en solo una hora, aproximadamente.

Para alcanzar una mayor capacidad de empatía una vía sería realizar la formación de Ekman, pero para mejorar la empatía cognitiva lo más recomendable es obtener información sobre lo que de verdad piensa la otra persona, comprobar o corregir nuestras corazonadas. Otro método para reforzar la empatía consiste en ver un vídeo o una película sin sonido y adivinar las emociones que se reflejan en la pantalla y luego contrastar esas suposiciones con la realidad. En otras palabras, ofrecer a los circuitos cerebrales dedicados a la empatía datos sobre lo que siente o piensa de verdad la otra persona ayuda a que esos circuitos vayan aprendiendo.

Las diferencias entre hombres y mujeres

Hay muchos estudios sobre las diferencias entre la inteligencia emocional de los hombres y la de las mujeres, pero, en resumen, estas tienden de media a presentar mejores niveles de IE que aquellos. Sin embargo, se trata solo de una media y además los datos no son concluyentes.

Una advertencia: cuando hablamos de diferencias entre hombres y mujeres en el campo de la conducta nos referimos a campanas de Gauss de capacidades que se superponen mucho. Por ejemplo, una capacidad en la que las mujeres muestran ventaja sistemáticamente es la empatía emocional, pero eso no quiere decir que un hombre determinado no pueda ser igual de empático emocionalmente que la mujer más empática. Las capacidades que suelen ser superiores en los hombres están relacionadas a menudo con el autodominio emocional, pero sucede lo mismo: eso no quiere decir que una mujer no pueda presentar el mismo nivel de autorregulación emocional que el hombre más equilibrado. Las tendencias de los distintos grupos solo aparecen cuando hablamos de diferencias estadísticas.

La neurocientífica Tania Singer ha obtenido nuevos datos sobre el cerebro que reflejan esas tendencias. Singer, que ha estudiado dos sistemas emocionales, uno correspondiente a la empatía cognitiva y el otro a la emocional, señala que las mujeres suelen tener el sistema de las neuronas espejo más desarrollado, por lo que confían más en él que los hombres para buscar señales de empatía. Por el contrario, ellos tienden a experimentar una descarga en ese sistema y luego se dedican a solucionar problemas.

Hay otra forma de analizar las diferencias entre hombres y mujeres en lo relativo a la inteligencia emocional. Se trata de la labor de Simon Baron-Cohen, de la Universidad de Cambridge, que asegura que existe un «cerebro femenino» marcado que presenta mucha actividad de las neuronas espejo y un alto grado de empatía emocional, pero no destaca tanto en el análisis de sistemas. En cambio, el «cerebro masculino» marcado despunta en la concepción de sistemas y no en empatía emocional.[30] Esos tipos cerebrales se sitúan en los extremos opuestos de una campana de Gauss y los demás estamos mayoritariamente en algún punto entre los dos. Sin embargo, no se trata de que todos los hombres tengan un «cerebro masculino» y todas las mujeres uno «femenino»: a muchas de ellas se les da muy bien la concepción de sistemas y muchos de ellos destacan en empatía emocional.

Mi colega Ruth Malloy, del Hay Group de Boston, ha estudiado las diferencias entre hombres y mujeres en los datos del Inventario de Competencias Emocionales y Sociales (que yo ayudé a crear). Su análisis revela que, si bien en general se observan diferencias entre hombres y mujeres en las distintas competencias, cuando solo se examinan a los trabajadores estrella (las personas situadas en el diez por ciento más destacado del rendimiento empresarial) esas discrepancias se diluyen. Los hombres son igual de buenos que las mujeres y las mujeres igual de buenas que los hombres, en todos los casos.

Eso me recuerda un comentario de Frans de Waal, un científico que estudia el comportamiento de los primates en el Centro Nacional de Primates Yerkes de Atlanta, y que ha descubierto que, cuando un chimpancé ve a otro en dificultades (ya sea por una herida o por pérdida de categoría social) imita su conducta, lo que supone una forma primitiva de empatía. A continuación muchos de los chimpancés se acercan y reconfortan de algún modo al que tiene el problema, por ejemplo acariciándolo para ayudar a tranquilizarlo. Las hembras ofrecen ese tipo de consuelo más a menudo que los machos, con una excepción que resulta sorprendente: los machos alfa, que son los líderes del grupo, ofrecen consuelo aún más a menudo que las hembras. Una de las funciones básicas del líder es, al parecer, dar el apoyo emocional necesario.

El lado oscuro

Los psicólogos hablan de «la tríada oscura» para referirse a los narcisistas, los maquiavélicos y los sociópatas. Son personalidades que representan el lado oscuro de la inteligencia emocional: gente que puede demostrar muy buena empatía cognitiva pero no posee empatía emocional, por no hablar de la preocupación empática. Por ejemplo, por definición a un sociópata le traen sin cuidado las consecuencias humanas de sus mentiras o manipulaciones y no siente remordimientos si recurre a la crueldad. Sus sentimientos, de cualquier tipo, son muy superficiales; las técnicas de neuroimagen revelan una reducción de las zonas que conectan los centros emocionales con el córtex prefrontal. Sus déficits concretos arrojan luz sobre muchos aspectos de las capacidades de la inteligencia emocional.[31]

La sociopatía
Déficit de los circuitos de la IE

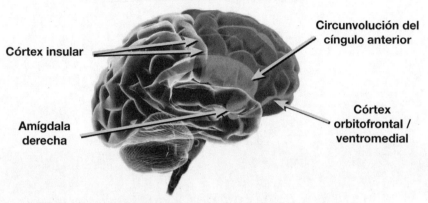

Córtex insular

Circunvolución del
cíngulo anterior

Amígdala
derecha

Córtex
orbitofrontal /
ventromedial

El cerebro del sociópata

Los sociópatas presentan déficits en varias zonas bási-cas para la inteligencia emocional: la circunvolución del cíngulo anterior, el córtex orbitofrontal, la amígdala y la ínsula, así como la conectividad de esas regiones con otras partes del cerebro.

Aunque se conoce a los sociópatas más graves por sus crímenes a sangre fría, los casos subclínicos son identifica-bles en el día a día empresarial. Uno es el típico jefe intimi-dador, que hace la pelota a los que tiene por encima, mal-trata a los que tiene por debajo y en general se comporta como un tirano. Otro es el desfalcador, un sinvergüenza descarado (pensemos en Bernie Madoff). Y el tercero, más leve, es el gorrón, personificado por Wally en la tira cómi-ca *Dilbert*: el sujeto que siempre lleva una taza de café en la mano y nunca da un palo al agua.

El desarrollo de la inteligencia emocional

Para terminar me gustaría dar un repaso a la aplicación de todo lo expuesto anteriormente en el *coaching* y en la mejora de las capacidades de la inteligencia emocional.

Puede que haya oído que nacemos con una inmensa cantidad de neuronas que después vamos perdiendo sin parar hasta que morimos. Pues bien, con respecto a eso hay una buena noticia: se trata de neuromitología.

Ahora se cree que existe un proceso llamado neurogénesis, mediante el cual el cerebro genera a diario diez mil células madre que se dividen en dos. Una mitad forma una línea hija que sigue creando células madre y la otra migra a la parte del cerebro donde haga falta y se transforma en el tipo de célula requerido. Muy a menudo su cometido tiene que ver con el aprendizaje. A lo largo de los cuatro meses siguientes, esa nueva célula forma unas diez mil conexiones con otras para crear nuevos circuitos.

Los estudios más modernos de ese proceso surgirán de laboratorios como el de Richard Davidson, con una enorme potencia informática, ya que en la actualidad hay innovadores programas de neuroimagen que pueden detectar y mostrar esa nueva conectividad célula a célula.

La neurogénesis nos permite conocer mejor la neuro-plasticidad, el hecho de que el cerebro se reestructure continuamente en función de las experiencias que vivimos. Si aprendemos un nuevo swing al jugar al golf, el circuito que activamos atraerá conexiones y neuronas. Si modificamos una conducta (por ejemplo, si tratamos de prestar más atención a los demás), habrá un circuito que crecerá para adaptarse.

Por otro lado, cuando tratamos de superar una mala costumbre tenemos que enfrentarnos al espesor de los circuitos dedicados a algo que hemos practicado y repetido miles de veces. ¿Qué lecciones podemos extraer de todo ello de cara al *coaching* o para trabajar por nuestra cuenta en la mejora de una capacidad de la inteligencia emocional?

En primer lugar, busque el compromiso. Hay que movilizar la fuerza motivadora de la zona prefrontal izquierda. Si se dedica usted al *coaching*, tiene que motivar a su cliente para que se entusiasme con la idea de lograr el objetivo del cambio.

En estos casos es útil recurrir a sus sueños, a la idea que tiene uno de sí mismo, a sus aspiraciones para el futuro. A partir de ahí debe trabajar los aspectos que le permitan pasar de su situación actual a la que desea alcanzar en la vida.

Llegado este punto es bueno, si es posible, reunir el máximo de información sobre sus competencias de inteligencia emocional. Lo más adecuado es utilizar un instrumento que mida las capacidades de la IE y permita pedir a gente cuya opinión valore que lo puntúe anónimamente en lo relativo a conductas específicas que reflejen las competencias de los trabajadores estrella y los líderes.[32] Un consultor especializado puede ayudarle a utilizar esos datos para determinar qué competencias le interesa más reforzar.

A continuación debe ser muy práctico: no trate de aprender demasiado de golpe. Centre su objetivo en una conducta concreta. Debe elegir algo fácil de aplicar, para saber exactamente qué hacer y cuándo hacerlo. Pongamos que sufre usted el síndrome de la Blackberry: tiene la mala costumbre de hacer varias cosas a la vez y básicamente no está pendiente de los demás, lo que reduce la atención que puede dedicar a buscar la compenetración y la buena química.

Debe romper el hábito de simultanear tareas. Podría adoptar un plan de aprendizaje deliberado que dijera algo así: «Siempre que surja una oportunidad (cuando entre una visita en mi despacho, o cuando me dirija a ver a alguien), voy a apagar el móvil, voy a apartarme de la pantalla del ordenador, voy a dejar a un lado las ensoñaciones o las preocupaciones y voy a prestarle toda mi atención.» Así tendrá una conducta concreta que tratar de modificar.

¿Y qué le servirá de ayuda? Detecte cuándo está a punto de presentarse un momento así y actúe correctamente. Ha acabado siendo campeón olímpico en la práctica incorrecta, hasta el punto de que su «cableado neuronal» funciona así automáticamente, sin plantearse otra posibilidad. Las conexiones que se activan en esos casos son erróneas. Cuando empieza a formar ese nuevo hábito más adecuado, en esencia lo que hace es crear nuevos circuitos que compiten con la mala costumbre en una especie de darwinismo neuronal. Para que la nueva conducta adquiera la firmeza suficiente usted debe recurrir a la fuerza de la neuroplasticidad: debe repetirla una y otra vez.

Si persevera, los nuevos circuitos se conectarán y cobrarán cada vez más fuerza, hasta que un día hará lo que tiene que hacer y como lo tiene que hacer sin pensárselo dos veces. En ese momento los circuitos estarán tan conectados y serán tan gruesos que el cerebro los activará automáticamente. Cuando se produzca ese cambio, el hábito corregido pasará a ser lo habitual.

¿Durante cuánto tiempo y cuántas veces hay que repetir una acción hasta que queda programada? Lo cierto es que empieza a programarse la primera vez que se practica. Cuando más se repite mayor es la conectividad. La frecuencia necesaria para que pase a ser la nueva respuesta automática del cerebro depende en parte de lo fuerte que sea el antiguo hábito que vaya a reemplazar. Por lo general son necesarios entre tres y seis meses de empleo de todas las oportunidades que aparezcan espontáneamente para que la nueva costumbre sea más natural que la vieja.

También existe la posibilidad de practicar siempre que se disponga de un poco de tiempo libre, gracias al ensayo mental, que pone en funcionamiento los mismos circuitos neuronales que la actividad real. Por eso, cuando no están entrenando los deportistas olímpicos repasan sus movimientos mentalmente, porque así también se ejercitan. Con ese método se mejora la capacidad de rendimiento cuando llega el momento de actuar de verdad.

Richard Boyatzis lo utiliza desde hace años con sus alumnos de administración de empresas de la Escuela de Gestión Weatherhead de la Universidad Case Western Reserve, a los que después ha seguido en su trayectoria laboral durante períodos de hasta siete años, para constatar que los compañeros de trabajo de sus antiguos alumnos seguían considerando que tenían un buen nivel en las competencias que habían mejorado en su clase.

El aprendizaje socioemocional

Una empresa internacional descubrió, al estudiar a sus trabajadores estrella, que las competencias de la inteligencia emocional que hacían que esos ejecutivos fueran excepcionales habían empezado a manifestarse a muy temprana edad. Por ejemplo, una jefa de equipo que destacaba sobre los demás había comenzado a practicar ese tipo de capacidades cuando aún no había empezado la secundaria.

Su familia se mudó a otra ciudad y ella decidió apuntarse a algún deporte para hacer amigos. Eligió el hockey sobre hierba. Resultó que no se le daba especialmente bien, pero tenía mucha facilidad para enseñar a jugar a los recién llegados, así que la pusieron de ayudante del entrenador. En cuanto acabó la universidad encontró trabajo de representante farmacéutica. Nadie le enseñó a presentarse a puerta fría en la consulta de un médico, pero en cuanto le cogió el tranquillo empezó a instruir a los que llegaban a la empresa. Y lo hacía tan bien que la dirección decidió hacer un vídeo con ella que pasó a utilizarse con todos los nuevos comerciales.

Así pues, las capacidades de inteligencia emocional se

presentan cuando somos pequeños y van desarrollándose de forma natural a lo largo del aprendizaje vital. Si nos hace falta mejorar alguna podemos hacerlo en cualquier momento. Sin embargo, ¿no sería buena idea ayudar a todos los niños a empezar a aprender pronto? Por eso defiendo el movimiento que ha dado en llamarse «aprendizaje socioemocional» (SEL, según sus siglas en inglés), que se concreta en programas escolares que recogen todo el abanico de capacidades de inteligencia emocional. Los mejores van de la guardería a la educación secundaria e ilustran esas capacidades en las distintas edades de un modo adaptado al desarrollo del alumno.

Todas las competencias de la IE se desarrollan con el aprendizaje vital, a partir de la infancia, pero el SEL ofrece a todos los niños igualdad de oportunidades para dominarlas. Por eso mientras escribía *La inteligencia emocional* fui también cofundador en la Universidad de Yale de la Colaboración para el Aprendizaje Académico, Social y Emocional (CASEL, por sus siglas en inglés), que posteriormente se trasladó a la Universidad de Illinois, en Chicago.[33]

El cerebro es el último órgano del cuerpo en alcanzar la madurez anatómica. Si observamos los cambios producidos anualmente en la forma de pensar, comportarse y reaccionar de un niño, las fases del desarrollo infantil, en realidad estamos ante su proceso de desarrollo cerebral. Por ejemplo, si hablamos de creatividad los niños son fabulosamente abiertos e imaginativos, en especial los más pequeños, pero hay dos fases del crecimiento cerebral en las que eso deja de ser así. La primera es lo que se conoce como el cambio de los cinco a los siete años, cuando los circuitos emocionales reciben un mayor control prefrontal. A partir de entonces tienen mayor capacidad para controlar los impulsos y coordinar los esfuerzos imaginativos, así como para portarse mejor.

El segundo momento clave es la pubertad, cuando el cerebro del niño sufre un «esculpido» radical y se pierden neuronas que no se utilizaban mucho. Con eso pueden perder en parte la capacidad de mostrar una imaginación desenfrenada. De hecho, nacemos con muchas más neuronas de las que utilizamos a lo largo de la vida y el principio que se aplica es el de la desaparición de las que no se aprovechan (sin embargo, como ya he señalado, eso no quiere decir que se produzca un deterioro progresivo, ya que gracias a la neurogénesis siguen creándose neuronas nuevas a diario durante toda la vida).

Los programas de aprendizaje socioemocional están pensados para ofrecer a los niños las lecciones que necesitan a medida que crece el cerebro; por eso se dice que están adaptados al desarrollo.

He tenido la oportunidad de visitar un colegio situado en una zona deprimida y problemática, donde los alumnos, de entre doce y catorce años, se portan muy mal tanto dentro como fuera de clase y donde existe mucha delincuencia. No obstante, tienen un programa de aprendizaje socioemocional. En todas las aulas hay colgado un cartel con un semáforo con sus correspondientes luces roja, ámbar y verde y el texto: «Cuando te enfades por algo piensa en un semáforo. ¡Cuando se ponga en rojo, frena! Cálmate y piensa antes de actuar.»

¿Cuál es la lección? «Frena» responde a una inhibición de la conducta: se activa el circuito prefrontal izquierdo, que puede controlar los impulsos de la amígdala. «Cálmate» indica que puede cambiarse el estado negativo por otro mejor. Y «piensa antes de actuar» enseña una lección decisiva: no podemos controlar lo que vamos a sentir, pero sí decidir qué hacemos a continuación. Por su parte, la luz ámbar nos anima a pensar en el abanico de cosas que podríamos hacer y en las consecuencias que tendrían, para elegir la mejor opción. Por último, la luz verde incita a probar y ver qué pasa. Toda esa información se les da a los chicos. Y ese tipo de lección, junto con las demás del programa de aprendizaje socioemocional, funciona de verdad. El vicedirector me contó que desde que habían empezado a aplicarlo hacía unos años había disminuido a un ritmo constante la cantidad de alumnos que acababan en su despacho por una pelea.

Un estudio de Roger Weissberg, el psicólogo que dirige la CASEL, comparó más de doscientos programas de aprendizaje socioemocional con otros colegios que carecían de ellos. En total, los centros tenían 270.000 alumnos.[34] Descubrió que, de media, los programas de este tipo reducen la conducta antisocial (por ejemplo, mal comportamiento en clase, peleas o consumo de drogas) aproximadamente en un diez por ciento. Y también aumentan la prosocial (interés por los estudios, asistencia, atención en clase, etcétera) aproximadamente en otro diez por ciento. Asimismo, las mejoras más apreciables se producen en los colegios que más lo necesitan.

Sin embargo, la gran sorpresa al analizar los beneficios del aprendizaje socioemocional es esta: los resultados académicos mejoran un once por ciento. ¿Cómo puede ser? Sospecho que tiene que ver en gran medida con el hecho de que la activación del eje hipotalámico-hipofisario-suprarrenal interfiere en la eficiencia cognitiva y el aprendizaje. Si un chico está centrado en las preocupaciones, la ira, la angustia, la ansiedad o cualquier otro efecto que tenga en él el estrés, presentará una menor capacidad de atención ante lo que diga el profesor. En cambio, si logra controlar esos contratiempos emocionales aumentará la memoria funcional (es decir, la capacidad de atención para almacenar información). El aprendizaje socioemocional enseña a gestionar esos sentimientos perjudiciales, no solo mediante lecciones como la del semáforo, sino descubriendo cómo llevarse mejor con los compañeros, que son uno de los principales causantes de esos sentimientos alborotados. Y eso conduce a aprender mejor.

Por descontado, un adulto puede aplicar el mismo conjunto de capacidades en su entorno laboral para obtener un mejor rendimiento. Nunca es tarde para seguir mejorando nuestra competencia en el campo de la inteligencia emocional.

Notas

1. Salovey, Peter y Mayer, John, «Emotional Intelligence», *Imagination, Cognition, and Personality*, 9 (1990), pp. 185-211.

2. Bar-On, Reuven, «The Bar-On model of emotional intelligence: A valid, robust and applicable EI model», *Organizations & People*, 14 (2007), pp. 27-34.

3. Véase una perspectiva general en: http://www.eiconsortium.org/reports/what_is_emotional_intelligence.html.

4. Gardner, Howard, *Frames of Mind*, Basic Books, Nueva York, 1983.

5. Bar-On, Reuven *et al.*, «Exploring the neurological substrate of emotional and social intelligence», *Brain*, 126 (2003), pp. 1790-1800; Bechara, A. *et al.*, «The anatomy of emotional intelligence and the implications for educating people to be emotionally intelligent», en Bar-On, Reuven *et al.* (ed.), *Educating People to be Emotionally Intelligent*, Praeger, Westport (Connecticut), pp. 273-290.

6. Sobre la inteligencia emocional en el cerebro véase, por ejemplo: Taki, T. H. *et al.*, «Regional gray matter density associated with emotional intelligence: Evidence from voxel-based morphometry», *Human Brain Mapping* (25 de agosto de 2010), publicado en: http://www.ncbi.nlm.nih.gov/pubmed/20140644.

7. Sobre la emoción y la cognición en las decisiones acertadas y desacertadas véase: Bechara, A. *et al.*, «Emotion, decision-making, and the orbitofrontal cortex», *Cereb Cortex*, 10 (3, 2000), pp. 295-307.

8. Véase, por ejemplo: Squire, Larry, «Memory systems of the brain: A brief history and current perspective», *Neurobiol Learn Mem*, 82, 3 (2004), pp. 171-177.

9. Caruso, David R. y Salovey, Peter, *The Emotionally Intelligent Manager*, Jossey-Bass, San Francisco, 2004. [*El directivo emocionalmente inteligente*, Algaba, Madrid, 2005.]

10. Dijksterhuis, Ap *et al.*, «On making the right choice: The deliberation-without-attention effect», *Science*.

11. Sobre los cinco detonantes emocionales habituales véase: Schwartz, Tony, *The Way We're Working Isn't Working: The Four Forgotten Needs that Energize Great Performance*, Simon and Schuster, Nueva York, 2010.

12. Sobre el punto de ajuste véase: Davidson, R. J. e Irwin, W., «The functional neuroanatomy of emotion and affective style», *Trends in Cognitive Neuroscience*, 3 (1999), pp. 11-21. No obstante, la relación entre derecha e izquierda no es excluyente: ambos lados de la zona prefrontal presentan cierto grado de actividad durante los secuestros amigdalares, además de regularlos. Véase, por ejemplo: Aron, A. R. *et al.*, «Inhibition and the right inferior frontal cortex», *Trends in Cognitive Sciences*, 8, 4 (2004), pp. 170-177.

13. Frederickson, Barbara, *Positivity*, Crown Publishers, Nueva York, 2009.

14. Siegel, Daniel, *The Mindful Brain*, Norton, Nueva York, 2007. [*Cerebro y mindfulness*, Paidós Ibérica, Barcelona, 2010.]

15. Davidson, Richard *et al.*, «Alterations in brain and im-

mune function produced by mindfulness meditation», *Psychosomatic Medicine*, 65 (2003), pp. 564-570.

16. Intentar intervenir en el cerebro por métodos externos como los psicofármacos supone tratar un parámetro con un producto químico que tiene muchas consecuencias, muchos efectos secundarios. Por ejemplo, un tipo muy importante de medicación contra la depresión regula la serotonina del cerebro, pero solo aproximadamente un cinco por ciento de los receptores de serotonina del cuerpo se encuentran ahí. Un porcentaje muy elevado está en el tracto gastrointestinal, y precisamente por eso los efectos secundarios habituales tienen que ver con problemas de digestión. El tracto gastrointestinal ayuda a su vez a regular el sistema inmunitario, entre otras cosas, por lo que los efectos no deseados pueden ramificarse. Existen prometedoras aplicaciones piloto de neuroterapia gracias a las cuales se escanea el cerebro de una persona que de inmediato recibe información que indica si se encuentra en el estado cerebral deseado, lo que permite experimentar para determinar qué la mantiene así; sin embargo, aún no comprendemos ni las ventajas ni los límites de la neuroterapia. Personalmente me inclino por intervenciones más naturales, aunque solo sea porque el cerebro es la masa más complicada, densa e interconectada que se conoce en el universo.

17. Sobre el nivel de vinculación de los trabajadores véase: The Gallup Organization, http://www.gallup.com/consul ting/52/employee-engagement.aspx.

18. McEwen, Bruce, «Allostasis and allostatic load: implications for neuropsychopharmacology», *Neuropsychopharmacology*, 22, 2 (2000), pp. 108-124 [DOI: 10.1016/S0893-133X(99)00129-3].

19. Sobre el estrés y la salud véase: McEwen, Bruce, *The*

End of Stress As We Know It, Joseph Henry Press, Washington, DC, 2002.

20. Sobre la eficiencia cognitiva véase: Damasio, Antonio, «Sub-cortical and cortical brain activity during the feeling of self-generated emotions», *Nature Neuroscience*, 3 (2002), pp. 1049-1056.

21. Sobre el dominio de una actividad véase: Ericsson, K. Anders, «The search for general abilities and basic capacities: Theoretical implications from the modifiability and complexity of mechanisms mediating expert performance», en Sternberg, Robert y Grigorenko, Elena (ed.), *The Psychology of Abilities, Expertise, and Competencies*, Cambridge University Press, Nueva York, 2003.

22. Siegel, Daniel, *The Mindful Brain*, *op. cit.*

23. Los neurocientíficos no han llegado a un acuerdo sobre la presencia de neuronas espejo en el cerebro humano. Hay quienes dicen que se concentran en el córtex motor, mientras que otros defienden que están muy diseminadas por distintas zonas.

24. Sobre los tres ingredientes de la compenetración véase: Tickle-Degnan, Linda y Rosenthal, Robert, «The Nature of Rapport and its Nonverbal Correlates», *Psychological Inquiry*, 1, núm. 4 (1990), pp. 285-293.

25. Sobre los osciladores véase: Port, R. y Van Gelder, T., *Mind as Motion: Explorations in the Dynamics of Cognition*, MIT Press, Cambridge (Massachusetts), 1995.

26. Sobre el momento humano véase: Hallowell, Edward, «The Human Moment at Work», *Harvard Business Review* (1 de enero de 1999).

27. Shirky, Clay, *Here Comes Everybody*, Penguin Press, Nueva York, 2008.

28. Lamm, Claus y Singer, Tania, «The role of anterior insular cortex in social emotions», *Brain Structure & Function*, 241, 5-6 (2010), pp. 579-951.

29. Singer, Tania *et al.*, «A common role of insula in feelings, empathy and uncertainty», *Trends in Cognitive Sciences*, 13, 8 (2009), pp. 334-340. Singer apunta que la vía para alcanzar la empatía emocional parece pasar por la ínsula en conjunción con las neuronas espejo, un camino que crea química interpersonal y compenetración. Sin embargo, en el caso de la empatía cognitiva lo lógico sería que participaran más las zonas corticales, la región del cerebro que piensa. En cuanto a la preocupación empática, mi opinión es que los mismos circuitos que sustentan la empatía emocional deberían estar implicados, junto con algunos de las zonas premotoras o motoras que impulsan la acción.

30. Baron-Cohen, Simon, *The Essential Difference: Men, Women and the Extreme Male Brain*, Allen Lane, Londres, 2003. [*La gran diferencia: cómo son realmente los cerebros de hombres y mujeres*, Amat, Barcelona, 2005.]

31. Sobre el cerebro del sociópata véase: Damasio, Antonio, «A neural basis for sociopathy», *Archives of General Psychiatry*, 57 (2000), pp. 128-129.

32. Richard Boyatzis y yo mismo, en colaboración con el Hay Group, hemos creado un instrumento de evaluación de ese tipo, denominado Inventario de Competencias Emocionales y Sociales o ESCI-360. Si desea más información visite: http://www.haygroup.com/leadershipandtalentondemand/Products/Item_Details.aspx?ItemID=58&type=5.

33. Para profundizar en el aprendizaje socioemocional véase la página web de la Colaboración para el Aprendizaje Académico, Social y Emocional en www.casel.org.

34. Sobre la evaluación del aprendizaje socioemocional véase: Durlak, Joseph *et al.*, «The impact of enhancing students' social and emotional learning: A metaanalysis of school-based universal interventions», *Child Development*, 82, 1 (2011), pp. 405-432.